공격적인 아이 이해하기

공격적인 아이 이해하기

최명선 · 김이경 지음

이담 Books

이 책을 펼치는 모든 분께

'마음맑음 시리즈'에 참여한 저자들은 처음부터 책을 쓸 목적으로 만나지 않았습니다. 저희는 아동심리치료에 대한 소신과 열정으로 석·박사 과정에서 성실히 학문적 기초를 쌓고, 워크숍과 임상교육을 통해 심화된 지식을 얻고자 한 사람들입니다. 또한 많은 임상경험과 훈련을 통해 누구보다 내실을 기하며 상담자의 길을 가고자 했습니다. 하지만 치료실에서 아이들을 만나면서 또다시 한계에 부딪히고 더 연구하고 더 알아야 할 것들에 대해 고민하게 되었습니다.

그래서 지식을 더 깊게 하기 위한 마음을 모았고 시간을 쪼개어 함께 공부를 시작했습니다. 정기적인 작은 세미나를 가졌고, 최근 센터에 내원하는 아이들의 주 호소 문제를 분석하며 산발적으로 소개된 관련 내용을 모아 발표하고 토론하는 시간을 가졌습니다. 주제를 발표할 사람, 사례를 발표할 사람, 세미나를 마치고 내용을 종합·정리할 사람들이 열심히 자료를 정리하고 수집하다가, 이 자료를 '더 많은 사람들'과 나눌 수는 없을까 하는 생각을 하게 되었습니다. 그 사람들이란 아이들의 부모님이나 교사가 될 수도 있고, 아동과 관련된 일을 하는 현장 종사자가 될 수도 있으며, 우리들의 동료나 후배, 우리가 가르치는 학생들일 수도, 만나보지는 못했지만 이제 막 상담을 시작하는 초보상담자일 수도 있습니다. 스스로 닥친 문제를 해결하고자 하는 부모님이나 교사들, 각 증상을 가진 내담아동에 대한 지식을 열심히 찾고 있는 학생들, 치료실 안팎에서 아동과 부모를 위해 공부하고 문제를 해결해주고자 정성을 쏟고 있을 상담자들과 자료를 공유하고 싶었습니다.

원고를 쓰기 시작할 때, 상담에 막 입문했던 학생시절, 초보엄마, 초보 상담사 시절을 떠올리며, 그때로 돌아가 보았습니다. 공부와 임상을 오가며 바쁜 나날들을 보냈고, 내담아동과 부모를 위해 지식을 얻고 싶었던 마음은 조급하고도 절실했지만 주어진 지식현장은 그렇지 않았습니다. 갓 들어온 원서를 복사해서 보거나 번역서 관련 내용을 동냥해서 읽는 등 참으로 답답하고 안타까운 시간을 보냈습니다. 최신판 번역서를 읽고 의미를 정확히 이해하고자 원서를 다시 찾아 읽기도 하고, 그것도 안 될 때는 몇몇 부분은 아쉽게 넘겨버린 기억도 있습니다. 그 마음으로 돌아가 쓴 책이라 일반 부모님들께는 다소 어려울 수 있고, 숙련 상담자들에게는 역으로 너무 쉬운 내용일 수도 있을 것입니다. 이 책의 대상에 대해 많은 고민을 했지만, 그냥 단순하게 '필요로 하는 사람들'을 생각하며 내놓겠습니다. 부족하거나 얕은 부분은 약속한 기간까지 더 연구하고 공부하여 개정판에서 발전시켜 선보일 것을 약속합니다.

본 시리즈의 내용은 특정 증상의 특성과 원인, 측정하는 방법에 대해 이해하고, 다양한 치료적 접근 그리고 부모나 교사가 직접 실행해 보거나 그들과의 부모상담에서 사용할 수 있는 구체적인 예방과 대처로 구성되어 있습니다. 마지막으로 아이의 문제로 지치고 힘들어하는 부모님께 상담실 안에서 해주지 못한 저자들의 마음을 편지로 담았습니다.

이제 몇 권의 주제로 시리즈의 첫 문을 두드립니다. 앞으로 우리가 공부하고 함께 나눌 지식은 훨씬 더 많고, 깊으니 갈 길은 멀지만 의미 있는 일들에

설레기도 합니다. 아이들과 부모님들을 돕기 위한 저자들의 고민과 열정의 꽃은 사계절 피어날 것이며 치료자들과 나누고자 하는 마음도 변치 않을 것입니다. 부족하지만 본 시리즈가 관련 어려움을 가진 아동, 청소년들을 만나고 있는 그 누구에게라도 작은 보탬이 되길 바랍니다.

마지막으로 한국에 놀이치료의 씨앗을 심고, 가꾸어 주시며 많은 치료사들이 탄탄한 훈련의 길을 거쳐 소신을 펼칠 수 있도록 함이 되어주고 계시는 '한국놀이치료학회 1세대 놀이치료전문가' 선생님들께 고개 숙여 감사드립니다. 그리고 직업적 신념과 열정을 잘 이해해주시고 기꺼이 출판의 길을 열어주신 한국학술정보(주) 관계자 여러분들과 책을 마무리하는 데 모두가 한마음이 되어 열심히 해준 아동청소년상담센터 맑음 치료자들과 인턴 선생님들께도 감사의 인사를 전합니다.

맑음 연구실에서
저자 대표 최명선

Contents

PART 01

아이들의 공격성,
바로 보고 이해하기

아이의 공격성은 다양한 형태로 주변 사람들을 괴롭힌다. 어릴 때 이름 앞에 따라붙는 '말썽쟁이', '황소고집'이라는 수식어는 애교스러울 정도이다. 공격성이 계속 부정적인 방향으로 진행되면 초등 학교 무렵에는 반항적이다, 폭력적이다, 난폭하다는 주변의 평가를 달고 지내다가 청소년기에는 문제아나 비행 청소년으로 낙인 찍히기도 한다. 공격성은 아이의 성장과정에서 여러 가지 얼굴로 그 모습을 바꿔 가면서 엄마, 아빠를 긴장시키고 주변사람들을 위협한다. 공격성이 이처럼 다양한 모습으로 나타나는 원인은 바로 아이의 기질이나 특성, 부모의 양육태도, 주변 환경 등과 상호작용을 일으키기 때문이다. 아이의 기질과 맞물려 행동으로 폭발하기도 하고, 냉소적이고 날카로운 말로 공격성을 드러내기도 한다. 또 공격성을 꾹꾹 눌러두었다가 엉뚱한 방향으로 터트리거나 우울증을 앓는 아이도 있다. 이처럼 공격성은 단순히 '공격적이다'라는 말 한마디로는 정의내릴 수 없을 정도로 다양한 성격을 띤다.

우리 아이를 보면 꼭 시한폭탄 같아요.
친구들이랑 놀 때 항상 말보다 손이 먼저 나갑니다.
친구를 때릴 때 야단치면 엄마에게 소리를 지르거나 몸부림치며 심하게 울어요.

골칫덩이로만 느껴지는 공격성, 그렇다면 무조건 싹을 없애버리는 것이 최선일까? 공격성은 사람이라면 누구나 갖고 있는 자연스러운 에너지이기도 하다. 무조건 공격성을 꺾으려는 부모의 강압적인 태도는 공격성을 더욱 부추기기도 한다. 아이의 공격성을 잘 다루기 위한 출발은 무엇보다 공격성의 특징을 이해하고, 건강하게 분출될 수 있도록 돕는 것이다. 이제 공격적이고 반항적인 아이를 이해하는 첫 관문이 시작된다.

I. 아이 마음 열기, 다시 보는 공격성의 정의

1. 공격성의 정의

어떤 사람을 처음 만나기 전에 '그 사람은 참 공격적이래~'라는 평판을 들었다면, 과연 어떤 인상을 갖고 만나게 될까? 대부분의 사람들은 되도록 이면 관계를 깊게 맺지 말아야겠다거나 조심해야겠다, 아니면 아예 초장에 기를 꺾어놔야겠다고 각오를 다질 수도 있다. 이렇듯 공격성은 대부분의 사람들에게 부정적인 것으로 여겨진다. 하지만 본래의 공격성 자체는 특별히 '좋다, 나쁘다'로 평가할 수 없는 하나의 본성이나 특질로 보는 것이 적합하다.

공격성(aggression)은 본래 '걸어오다, 시작하다' 또는 '달리기의 출발, 돌진' 등의 뜻을 가진 라틴어 어원 'aggressio'에서 비롯되었다. 그저 어떤 목적을 가지고 행하는 행동 자체를 넓은 의미로 표현한 것에서 출발한 것이다. 이후 학문적으로나 임상 현장에서 바라보는 공격성의 정의나 분류가 다양해지고 있지만 대부분은 부정적인 측면을 내포하고 있는 경우가 많다.

공격성 연구들을 보면 초기에는 주로 관찰 가능한 행동 특성에 초점을 맞추었기 때문에 공격적 행동에 관한 연구들이 주를 이루었다. 이 때문에 자연스럽게 신체적인 측면에만 관심을 두는 경향이 짙었다. 예를 들어 밀기나 때리기처럼 밖으로 표현되는 행동적 공격성에만 관심을 가졌던 것이다. 이후 이와 같은 외현적 공격성 이외에도 공격적인 의도나 행동의 동기에 대해서도 많은 관심을 가지게 되었다. 자연스레 학자들마다 공격성에 대해 다양한 정의를 내렸으나 주된 내용을 정리하면 다음과 같다.

공격성이란 사람이나 사물을 정복하거나 이기기 위하여 물리적 또는 언어적으로 과하게 표현되는 행동뿐 아니라 분노를 촉발하는 정서상태 (Bushman & Huesmann, 2001; Green, 2001)로서 사람이나 목표물을 향해 심리적 혹은 신체적인 해를 입히는 행동(Herson & Sledge, 2002), 사람이나 사물에게 직접 행하는 파괴적이고 처벌적인 행동 혹은 상위의 목적을 성취하기 위하여 습관적으로 다른 사람을 단순한 객체로 다루는 성격의 한 측면을 의미하는 것으로 볼 수 있다. 즉 공격적 행동의 결과뿐 아니라 행위자의 의도나 동기가 어떠한가를 중요한 요소로 보는 것이다.

2. 천의 얼굴, 공격성의 다양한 유형

공격성이라는 말을 들으면 각자의 머릿속에 떠오르는 대표적인 이미지들이 있을 것이다. 예를 들어 어떤 엄마는 장난감을 집어던지는 아이의 모습이 먼저 떠오를 수도 있고, 친구를 때리거나 집안 살림살이를 부수는 모습, 또 소리를 지르거나 욕을 하는 모습이 떠오를 수도 있다. 이처럼 공격성은 각기 표출되는 방식이나 행동의 목적, 또 공격성을 보는 관점 등에 따라 다양하게 분류되고 유형화된다. 공격성의 대표적인 유형은 다음과 같이 분류해볼 수 있다.

표 1 공격성의 대표적인 유형

기준	유형
표현 방식	·행동적 공격성 – 행동이나 언어를 통해 외부로 표현 ·내재적 공격성 – 상상을 통해서 나타남(Mussen, Conger & Kagan, 1979)
	·수동적 공격성 – 공격성을 표현하고 싶은 욕구는 있으나 겉으로 표현할 용기가 없어 수동적으로 자신의 공격 욕구 표현 ·직접적 공격성 – 겉으로 드러나는 직접적인 행동을 통해 공격적인 욕구 표현 ·자기회피적 공격성 – 공격적 행위가 자기 자신에게 가해지는 행동(Kauffman, 1981)
	·외현적 공격성 – 다른 사람의 신체적 혹은 심리적 안녕을 손상시키기 위해 해를 가하는 것. 밀기, 치기, 때리기처럼 신체적인 해를 주거나 모욕과 험담 같은 언어적 위협 ·관계적 공격성 – 타인이 사회적으로 수용 받으려는 감정을 손상시키거나 또래관계를 조작하고 손해를 끼침으로써 타인에게 해를 입히고자 하는 의도적 행동 및 사고를 의미. 직접적인 통제, 사회적 소외(침묵하면서 또래에게 위협), 거부(소문 퍼트리기, 거부당하도록 거짓말하기), 사회적 제외(놀이나 집단에서 제외시키기) 등이 포함(Crick & Grotpeter, 1995; Crick & Nelson, 2002)
표현 목적	·적대적 공격성 – 타인을 해치거나 고통을 가하려는 자체가 목적인 공격성 ·도구적 공격성 – 자신에게 이익이 되는 권력이나 돈과 같은 비공격적인 목적을 얻기 위해 타인에게 해를 가하거나 상처를 주는 공격성(Shaffer, 1993)

표출 이유	·반응적 공격성 – 앞으로 위험한 상황이 닥칠 것을 예상하여 상대방을 공격하는 방어적 반응. 심한 분노와 눈에 띄는 언어 및 제스처 등을 동반함. ·순응적 공격성 – 사회적으로 배우게 되는 공격적 행위. 정당하지 않은 이유로 또래에게 따돌림이나 거부를 당한 경험을 다른 애매한 경우에도 적용시켜 누구든지 자신에게 적개심을 가지고 있는 것으로 확대시켜 받아들임으로써 더욱 공격적이 되며 소외를 당함.

위와 같이 공격성의 유형들은 다양한 기준에 의해 나뉜다. 표현 방식에 따라서는 행동으로 표출되어 다른 사람들에게 신체적 폭력을 가하는 유형과 직접 표현하지 못하고 수동적인 방식으로 공격성을 나타내는 유형으로 분류된다. 또한 폭력적인 행동 외에도 다른 사람들과 관계를 맺을 때 교묘하게 따돌림을 주도하거나 위협하고 소문을 퍼트리는 등의 관계적 공격성은 초등학생과 청소년들에게서 많이 볼 수 있는 유형이다.

저희 아이가 자꾸 친구들을 때려요.
밥을 삼키지 않고 입에 물고 있어요.
입에 담기 힘든 심한 욕을 합니다.
전부 자기 탓이래요.
나쁜 소문을 내고 다녀요. 친구를 왕따시켜요.

공격성의 다양한 유형들은 아이가 경험하는 상황과 맞물려 문제행동으로 나타난다. 예를 들어 행동적이고 직접적이며 외현적인 공격성을 가진 아이는 폭력행동이나 싸움에 자주 휘말려 문제아로 불리는 경우가 많다. 음식을 삼키지 않고 입에 물고 있거나 꾸무적거리면서 엄마를 화나게 하는 행동 지연도 수동 공격의 대표적 예이다. 반응적 공격성을 가진 아이는 말대꾸가 잦거나 매사에 따지기 좋아하는 모습을 보일 수 있다. 또 도구적 공격성을 가진 아이는 자신의 이득을 위해서 규칙을 자주 어기거나 제 뜻대로만 하려고 고집을 부릴 수 있다. 친구 관계에서 왕따를 주도하는 아이는 관계적 공격성 유형과 관련이 깊다.

공격성이 모두 타인을 향해서만 문제를 일으키는 것은 아니다. 내재적 공격성이나 자기회피적 공격성을 가진 아이는 자신을 지나치게 자책하며 스스로를 공격해 우울증을 경험하거나 활력과 에너지가 부족한 아이가 될 수도 있다. 이처럼 공격성의 유형은 아이의 기질이나 상황 등 다양한 요인과 맞물려 부모와 교사, 친구들, 또한 자기 자신에게 실질적인 피해를 주게 된 다.

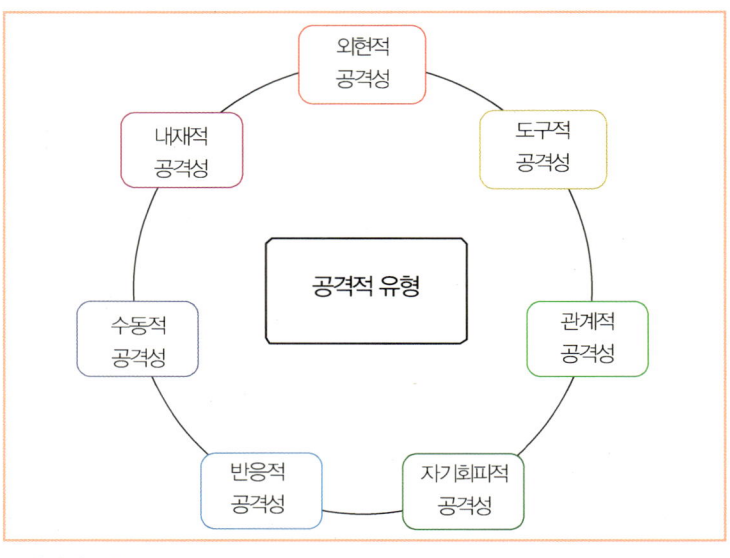

공격성의 유형

3. 건강한 공격성 구분하기

지금까지 살펴본 내용으로만 본다면 공격성은 좋은 점이라고는 눈을 씻고 찾아봐도 없을 것만 같다. 그래서 공격성을 꼭꼭 눌러두거나 아니면 아예 없애버릴 방법을 찾는 데 몰두할 수도 있다. 하지만 공격성이 무조건 부정적인 것만은 아니다.

Connor(2002)는 '부적절한 공격성'과 '적절한 공격성'을 구분하며, 적절한 공격성은 적응적인 것이라고 정의하였다. 특히 사회가 변화함에 따라 적절한 공격성에 대한 사회적 가치도 변하기 때문이다. 예를 들어 유교적인 가치관이 강력했던 우리의 옛 문화에서는 공격성은 더욱더 억압해야 할 것이고, 부당한 것이 있더라도 어른에게는 충효의 가치가 무엇보다 중요하였다.

하지만 최근에는 무조건 'YES'만 외치는 사람은 오히려 무능력하고 자기주장이 없는 사람으로 비춰진다. 실제 남들이 소극적인 태도로 일관할 때 적극적인 태도로 새로운 분야를 개척했던 사람들이 꼽는 성공 요인 중 하나가 바로 '공격적인 태도'다. 냉철한 판단력과 비판적인 시각, 그리고 공격적인 태도로 상대의 약점을 파고들 줄 아는 '건강한 공격성'은 현대 사회에서 잘 적응하기 위해 꼭 필요한 덕목이다.

'정당방위' 또한 건강한 공격성 중 하나다. 다른 사람이 나를 해치거나 피해를 입히려할 때 나를 지키기 위해서는 공격할 수 있어야 한다. 내가 위험한데 자신을 방어하기 위해 공격성을 발휘하지 못하는 아이를 두고 절대 건강하다거나 배려심이 많다고 할 수 없다.

이런 아이들에게는 오히려 공격성을 건강하게 발휘하도록 돕는 것이 중요한 과업이다. 또한 스포츠나 사냥, 공격적 게임은 공격성을 긍정적인 방법으로 표현하는 예이다.

공격성을 억압하기만 하면 반드시 다른 부작용이 생길 수밖에 없다. 공격성은 꼭꼭 숨겨두기에는 너무 강력한 에너지이기 때문이다. 눌러두면 둘수록 주변의 작은 자극에도 금세 흔들리고 폭발할 위험에 처하게 된다. 또한 공격성을 너무 눌러두며 공격적인 상상이나 게임 등으로 이를 해소할 경우 어느 날 상상의 울타리를 넘어서 갑자기 폭력적인 행동을 할 가능성이 있다.

바람을 가득 채운 풍선을 떠올려보자. 조금만 바람을 더 넣거나 옆에서 건드려도 언제 터질지 모를 긴장감으로 가득 차게 된다. 풍선의 바람은 적당히만 차 있으면 재미있는 놀잇감이 될 수도 있지만, 갑자기 바람을 빼버리거나 팽팽하게 계속 바람만 넣어두면 무용지물이 되고 만다.

공격성도 마찬가지이다. 생동감 있고 정열적인 사람일수록 공격성이 더욱 강렬하게 표현되는 경우가 많다. 적절한 공격성은 아이를 생기있고 활동적인 아이, 적극적이고 자기주장이 뚜렷한 아이로 키울 수 있는 좋은 에너지원이라는 점을 기억해야 한다.

공격성은 누구나 갖고 있을 뿐 아니라, 정상 혹은 비정상으로 구분할 수 있는 것이 아니다. 건강한 삶을 위해서는 자신에게도 공격성이 있다는 것을 인정할 필요가 있다. 총격전이 화면을 장악하고 때로 선혈이 낭자한 액션 영화를 보면서 스트레스가 풀리고 시원한 느낌이 드는 것은 스크린을 통해 공격성이 어느 정도 분출되었기 때문이다. 이런 공격적 에너지를 나쁘다고 할 수 있을까? 공격성은 '좋다', '나쁘다'로 판단할 것이 아니라 적절한 선에서부터 부적절한 정도에 이르기까지 연속선상에 있다고 보는 것이 합당하다. 또한 사람이라면 누구나 갖고 있는 생존본능 중 하나이기도 하다.

특히 진화심리학에서는 약자는 사라지고 강자가 남는 진화의 과정에서 공격성을 자신의 종족을 보존하기 위한 자연스러운 본능으로 보기도 한다. 공격성을 너무 부정적으로만 보지 않는 것이 공격적이고 반항적인 아이와 소통하는 첫걸음이다. 특히 한창 발달단계에 있는 아동 청소년은 적절하거나 부적절한 공격성 중 하나 혹은 둘 다를 보일 수 있고, 상황에 따라 공격적인 행동이 자신을 지키기 위한 적절한 대응일 수 있기 때문이다.

II. 공격성도 자란다? 공격성의 발달 과정 및 특성

1. 연령에 따른 공격성 양상

1) 유아기 공격성은 지속적으로 문제를 일으킬 수 있다

공격성에 대한 연구결과들을 보면 보통 생후 18~36개월 사이에 공격적인 특성이 처음 나타나는 것으로 알려져 있다. 또한 공격성은 비교적 꾸준히 지속되다가 청소년기에 심리적으로나 환경적으로 자극을 받으면 비행이나 반사회적인 행동의 원인이 되기도 하고, 성인기에는 알코올 문제나 범죄로 연결되는 것으로 알려져 있다(Brook, Zheng, Whiterman, & Brook, 2001 등). 초등학교 시기에 공격성 문제가 두드러지지 않는다 하여 안심할 수는 없다.

외현화되지 않은 공격성은 쉽게 판단하기 어려운데, 내재되어 있던 공격성이 성장과정에서 어떠한 계기로 부적절하게 표현될 수 있기 때문이다.

예를 들어 또래에 비해 사회적으로 미성숙하거나 사회적인 기술을 적절히 습득하지 못한 경우, 또는 부정적인 또래 관계를 경험할 때, 타인에 대한 공감능력을 충분히 갖추지 못했을 때, 학습 문제로 어려움을 보이고 스트레스가 심한 경우 숨겨져 있던 공격성이 머리를 들기 시작할 수 있다.

이처럼 유아기나 초등학교 시기에 나타나는 공격성 문제는 성장과정에서 언제든 부정적인 또래관계나 문제행동으로 발전될 가능성이 있기 때문에 조기에 개입하는 것이 중요하다.

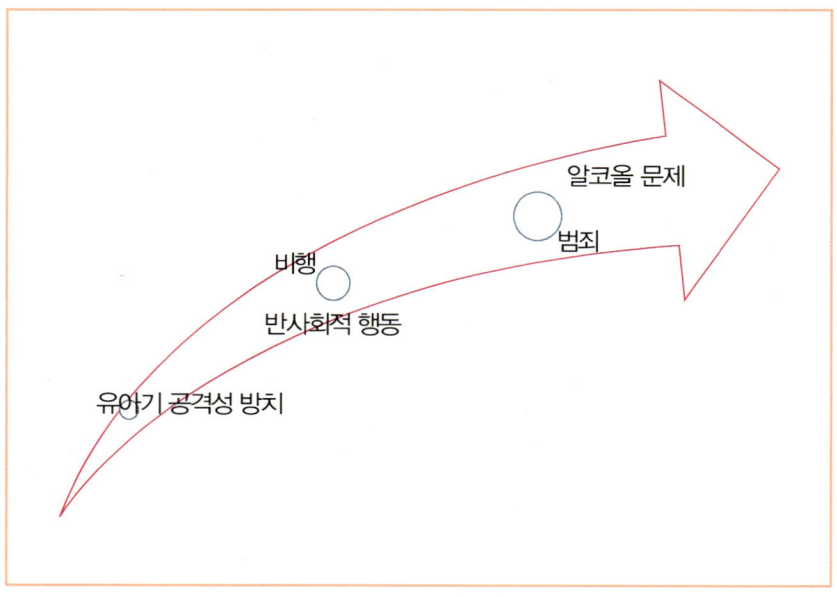

2) 어릴수록 직접적 행동으로 공격성을 표현한다

어릴수록 신체적 공격성이나 물리적 공격성이 두드러진다. 보통 1~2세 사이에는 자신이 원하는 장난감이나 먹을 것을 얻기 위해서 공격적인 행동을 보이는 도구적 공격성이 나타난다.

2~3세 무렵에는 주변사람을 때리거나 밀치고, 물건을 던지는 물리적 공격성을 주로 보인다. 이후 3~6세 사이가 되면 언어적 공격행동이 많아지게 되는데, 이때 주로 남을 놀리거나 흉을 보기도 하고 욕을 하거나 모욕적인 말을 하는 모습을 많이 볼 수 있다.

3~6세 사이는 아이들이 주로 어린이집이나 유치원에 다니기 시작하는 시기와 맞물린다. 아이들끼리 어울리며 모방행동이나 동조행동도 늘기 때문에 언어적 공격행동이 더욱 두드러질 가능성도 훨씬 높아진다.

간혹 엄마들 중에서 "안 그러던 애가 유치원 가더니 나쁜 말을 배웠다"라고 토로하기도 하는 모습을 볼 수 있는데, 환경적 요인뿐 아니라 발달적인 특성이 있다는 것도 감안할 필요가 있다.

표 2 공격성 표현의 변화

1~2세	2~3세	3~6세
도구적 공격성 원하는 장난감이나 먹을 것을 위해 공격성 표현	물리적 공격성 주변 사람들을 때리거나 밀침 물건을 던짐	언어적 공격성 남을 놀리거나 흉보기 모욕적인 말하기

3) 공격성은 지속적인 것이 특징이다

아이의 공격성은 쉽게 사라지지 않는다. 공격성은 지속적인 것이 특징으로, 예를 들어 2세경에 공격적인 아동은 5세경에도 공격적일 가능성이 높다고 한다. 또한 6~10세 사이의 신체적, 언어적 공격행동의 양은 청소년의 공격성 정도를 예언해주는 지표가 되기도 한다(Currings 등, 1989). 초등학교 시기, 즉 아동기의 발달과업은 새로운 것을 배우고 익히며 유능감을 경험하는 것이다. 이때 자신의 능력에 대해 좌절감을 많이 경험하면 열등감과 분노가 쌓이게 되고, 이런 감정이 공격성에 불을 당기는 원인이 된다. 이때 비록 겉으로 드러나지는 않는다 해도 차곡차곡 쌓인 공격성은 언제 터질지 모르는 지뢰와도 같다.

2. 공격적 아동의 특성

1) 공격성은 '좌절감'의 다른 얼굴이다

공격적인 아이는 거친 말이나 화난 표정, 난폭한 행동으로 인해 일단 기피대상이 되곤 한다. 무조건 '나쁜 아이'로 치부되기 쉽다는 의미이다. 하지만 공격성 아래에 감춰진 마음은 겉으로 드러나는 모습과는 다른 경우가 많다. 특히 좌절감은 공격성의 다른 얼굴이라 할 수 있을 정도로 공격적인 행동의 원인이자, 공격적인 아이를 압도하고 있는 감정이기도 하다.

존 달라드(John Dollard)라는 학자는 '모든 좌절감은 공격성이 된다'고 말하기도 하였다. 물론 사소한 좌절이 모두 공격성으로 연결되지는 않을 것이다. 한두 번의 좌절에는 그것을 이겨내 보려는 의지를 불태울 수도 있다. 그러나 반복되는 좌절은 무력감을 느끼게 만들고 우울해지거나 뜻대로 되지 않는 좌절과 분노감으로 인해 공격성을 폭발하게 만들 수 있다.

즉 여러 번 경험한 좌절감은 감당할 수 없는 분노를 일으켜 조그마한 자극에도 공격성을 폭발하게 만든다. 아이가 공격적이라면 그동안 아이의 요구를 너무 들어주지 않았거나, 약속을 자주 어긴 것은 아닌지, 너무 부모가 주도하며 좌절감을 준 것은 아닌지부터 점검해볼 필요가 있다.

2) 부모의 공격성에 의해 자극을 받는다

아이가 공격적이고 충동적으로 화를 폭발하는 경우 부모의 공격성이 자극요인인 경우가 많다. 공격성은 주변의 분위기, 자극을 주는 사람에 의해서 쉽게 움직인다. 특히 부모의 성격이나 양육태도가 공격적이고 강압적이면 아이는 쉽게 감정의 동요를 일으키고, 부모에게 느낀 분노를 쌓아두었다가 터트리게 된다. 아이가 화가 나서 흥분해 있을 때 부모가 함께 화를 내거나 소리를 지르면 아이도 감정을 조절하지 못하고 상황이 악화된다.

또한 아이의 공격성을 체벌로 다스려 성공했다고 자부하는 경우도 정말 효과가 있는 것인지는 시간을 두고 지켜보아야 한다. 공격성은 체벌이나 벌을 받아서 사라지는 것이 아니다. 그저 잠시 눌러둔 것이기 때문에 즉시 공격성이 나타나지 않을 뿐 훗날 반드시 더 큰 공격성으로 나타난다. 또한 부모에게 혼나고 꼼짝 못하던 아이가 다음날 학교에 가서 사고를 치거나 동생에게 화풀이를 하며 분노를 터트리는 경우도 쉽게 볼 수 있다.

3) 공격성이 긍정적인 결과를 갖고 온다고 믿는다

공격적인 아이는 대체로 자신이 한 공격적인 행동의 결과에 대해 긍정적인 기대를 갖고 있다. 특히 도구적 공격성이 강한 아이는 자신이 원하는 것을 얻기 위해 친구나 동생의 물건을 가져오거나 돈을 훔치거나 때려서 억지로 빼앗는다. 이럴 경우 아이 입장에서는 공격적인 행동의 대가로 즉시 물질적인 이득을 볼 수 있기 때문에 부정적 행동이 더욱 강화된다.

이 밖에도 심리적인 위안을 얻는 경로가 되기도 한다. 예를 들면 공격적인 행동을 함으로써 다른 아이들이 자신을 공격하는 것을 예방할 수 있다고 믿는 것이 여기에 속한다. 또한 자신이 다른 사람보다 더 강하고 능력 있는 사람으로 평가될 것이라 믿기도 한다. 이를 통해 그동안의 좌절감을 잊고 자아존중감이 높아지는 듯한 착각에 빠지기도 한다.

4) 자기중심적이고 공감능력이 부족하다

공격성이 높은 아이는 충동적인 성향이 강하고 상호작용을 할 때 다른 사람을 제압하는 것에 높은 가치를 부여한다. 이 때문에 또래관계에서 협동심이 부족하고 자기중심적이며 다른 사람을 수용하거나 이해하는 능력이 부족하다.

공격적인 행동을 통해 얻는 매력이나 이득이 크다고 느끼기 때문에 다른 사람에게 주는 고통이나 타인이 자신을 싫어할 가능성에 대해서는 거의 고려하지 않는다. Coie & Dodge라는 학자는 연구를 통해 아동기 공격성은 또래 거부를 예언하는 가장 중요한 요인 중 하나라고 밝히기도 하였다.

5) 관계적 공격성이 더욱 위험할 수 있다

즉각적인 위협을 주는 것은 행동으로 표현되는 신체적 공격성이나 욕설을 섞어가며 언성을 높이는 언어적 공격성일 수 있다. 그러나 더욱 무섭고 집요한 것은 바로 관계적 공격성이다. 앞에서 본 것처럼 관계적 공격성은 다른 사람을 사회적인 관계에서 고립시키거나 수용받지 못하도록 손해를 끼치거나 해를 입히고자 하는 것이다. 이를 위해 교묘하게 왕따를 주도하거나 말을 시키지 않고, 소문을 퍼트리거나 엉뚱한 거짓말로 오해를 받게 하는 등 다양한 방법을 사용한다.

관계적 공격성이 처음 나타나는 것은 약 3세경으로 알려져 있으며, 여자 아이일수록 더 많이 나타난다. 또한 나이가 들수록, 사회·인지능력이 발달할수록 더 공격성이 높아지고 교묘해진다(Jina, Elizabeth, & Jenifer, 2004). 밖으로 표출되는 행동적 공격성은 나이가 들수록 공격행동의 횟수는 늘지만 공격행동의 내용 자체에는 큰 차이가 없다. 하지만 관계 공격성을 보이는 아이는 연령이 높아질수록 공격반응의 횟수뿐 아니라 내용 면에서도 훨씬 다양하고 정교한 반응을 보인다.

이런 관계적 공격성은 성인이 되어서도 많이 나타나며, 영화나 드라마

속에서 각종 음모를 꾸미는 여성 악역 캐릭터들에게서 많이 볼 수 있는 유형이기도 하다.

6) 성별에 따라 차이를 보인다

공격성의 성차가 두드러지게 나타나는 것은 6세 전후로 알려져 있다 (Maccoby & Jackin, 1980). 공격성의 성차 연구들을 살펴보면 대체로 남자 아이가 더 공격적이라는 결과들이 보고되고 있다. 소년이나 성인남자가 소녀나 성인여자에 비해 신체적으로나 언어적으로 더 공격적이라 한다. 하지만 관계 공격성의 경우 여자들이 더 많이 보이는 특성이 있다.

한편 그림 검사에서 나타난 특성을 보면 남자 아이들은 사건을 일으키는 환상을, 여자 아이들은 자신에게 일어나는 사건을 그리는 경향이 있는데, 이처럼 공격성을 표현하는 방식에서도 차이를 보인다.

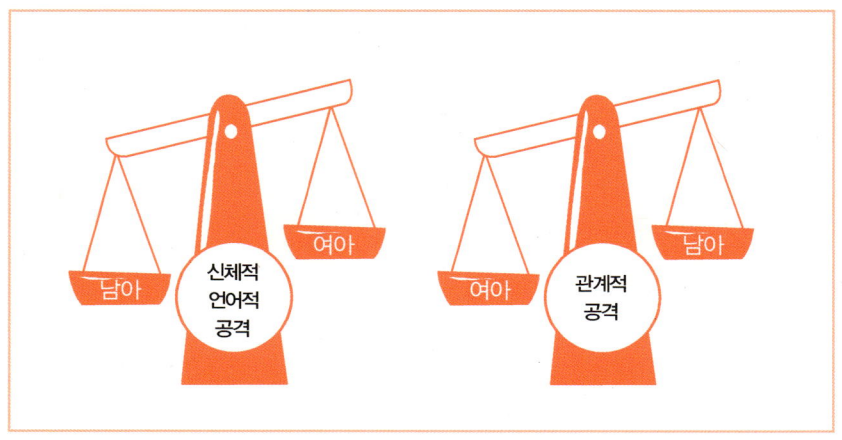

3. 아이의 공격성은 어느 정도? 공격성 체크해보기

아이가 공격성과 관련한 문제를 보일 때 가장 먼저 궁금한 것은 과연 아이의 공격성 문제가 얼마나 심각한가 하는 점이다. 공격적인 행동은 많은 요인에 의해서 발생하고, 여러가지 심리적 문제에 의해 촉발되기도 하기 때문에 종합적인 심리평가를 받아야만 좀 더 정확하게 알아볼 수 있다. 하지만 일단 겉으로 드러나는 아이의 공격행동의 유형과 정도를 알아보는 데는 공격성 문제를 항목별로 체크해보는 것이 도움이 된다.

특히 공격성은 연령에 따라 행동으로 나타나는 특성들이 다르기 때문에 연령에 따라 각기 다른 측정도구를 통해 체크해볼 필요가 있다. 또한 청소년의 경우는 자신의 부정적 행동에 대해 돌아볼 수 있도록 스스로 체크해보도록 하는 것도 좋다. 다음은 유아와 아동, 청소년, 그리고 부모의 공격성을 알아보기 위한 측정도구들이며 점수가 높을수록 해당 공격성 유형의 심각 성도 높은 것으로 볼 수 있다.

• 공격성 척도 (유아용–부모 보고)

번호	문 항 내 용	전혀 아니다	아니다	보통 이다	그렇다	항상 그렇다
대인공격						
1	힘이 세서 다른 유아를 잘 때린다.	1	2	3	4	5
2	사소한 일에도 쉽게 화를 낸다.	1	2	3	4	5
3	화가 나면 물건을 잘 던진다.	1	2	3	4	5
4	집에서 고함을 잘 친다.	1	2	3	4	5

5	평소에 말을 거칠게 하는 편이다.	1	2	3	4	5
6	남이 좋은 물건을 갖고 있으면 잘 빼앗는다.	1	2	3	4	5
7	어릴 때 싸움 놀이를 자주 한다.	1	2	3	4	5
8	친구가 마음에 안들면 욕설을 잘한다.	1	2	3	4	5
9	마음대로 잘 안되면 떼를 잘 쓴다.	1	2	3	4	5
10	끝까지 고집을 피우는 편이다.	1	2	3	4	5
11	사용하는 물건을 잘 부순다.	1	2	3	4	5
12	남의 물건을 감춘 뒤 잘 주지 않고 골려준다.	1	2	3	4	5
13	게임놀이는 끝까지 이기려고 한다.	1	2	3	4	5
14	인형 등을 다른 사람에게 잘 던진다.	1	2	3	4	5
15	동작활동을 할 때 규칙을 잘 인지한다.	1	2	3	4	5
16	친구들과 타협없이 일방적이다.	1	2	3	4	5
17	돌출행동을 잘한다.	1	2	3	4	5
18	동물들을 잘 괴롭힌다.	1	2	3	4	5
19	식물이나 나무를 잘 꺾는다.	1	2	3	4	5
20	조금만 부딪쳐도 잘 운다.	1	2	3	4	5
21	높은 곳에 올라가 잘 뛰어내린다.	1	2	3	4	5
	요인점수 합 :					

대물공격

1	던지는 놀이를 즐겨한다.	1	2	3	4	5
2	마음에 안 들면 밀어버린다.	1	2	3	4	5
3	장난감끼리 부딪히는 놀이를 잘한다.	1	2	3	4	5
4	주먹을 쥐고 때리는 시능을 잘한다.	1	2	3	4	5

5	친구에게 장난감으로 겁을 잘 준다.	1	2	3	4	5
6	물건을 놓을 때 소리나게 쾅 놓는다.	1	2	3	4	5
7	피아노를 칠 때 손바닥으로 마구 두드린다.	1	2	3	4	5
8	색종이 접기가 잘 안 되면 구겨버린다.	1	2	3	4	5
9	자신의 행동을 남의 탓으로 잘 돌린다.	1	2	3	4	5
10	인형을 잘 때린다.	1	2	3	4	5
		요인점수 합:				

언어적 공격

1	짜증을 잘 낸다.	1	2	3	4	5
2	친구들이 재미있게 놀 때 방해를 잘 한다.	1	2	3	4	5
3	친구들 잘못을 고자질 잘한다.	1	2	3	4	5
4	친구들을 잘 꼬집는다.	1	2	3	4	5
5	친구들보다 많이 가지려고 욕심 부린다.	1	2	3	4	5
6	다른 친구들에게 인상을 잘 쓴다.	1	2	3	4	5
7	다른 친구들보다 감정 기복이 심하다.	1	2	3	4	5
8	다른 친구들보다 절제력이 약하다.	1	2	3	4	5
9	어머니에게 버릇없이 하는 편이다.	1	2	3	4	5
		요인점수 합:				

총 계

출처 : 한미옥(2000)이 어머니 관찰에 의한 유아의 공격성 연구에서 개발한 유아의 공격성 척도

번호	문 항 내 용	전혀 아니다	아니다	보통 이다	그렇다	항상 그렇다
	신체적 공격성					
1	나는 때때로 남을 때리고 싶은 마음을 억누를 수 없다.	1	2	3	4	5
2	나는 아주 약이 오르면 다른 사람을 때릴 수도 있다.	1	2	3	4	5
3	누가 나를 때린다면 나도 그 사람을 때린다.	1	2	3	4	5
4	나는 내 권리를 지키기 위해 폭력을 써야 한다면 기꺼이 쓰겠다.	1	2	3	4	5
5	나를 어려움에 빠뜨리는 사람들이 있으면 그 사람과 싸울 것이다.	1	2	3	4	5
6	나는 남을 협박하거나 남에게 욕설을 해본 적이 있다.	1	2	3	4	5
		요인점수 합:				
	적의성					
1	나는 때때로 남을 미워하거나 질투할 때가 있다.	1	2	3	4	5
2	나는 일상생활에서 부당한(억울한) 취급을 받는다.	1	2	3	4	5
3	다른 사람은 나보다 항상 운이 좋은 것 같다.	1	2	3	4	5
4	내 친구가 나 모르게 내 이야기를 한다는 것을 안다.	1	2	3	4	5
5	가끔 다른 사람들이 나 모르게 나를 비웃는다고 느낀다.	1	2	3	4	5
		요인점수 합:				
	언어적 공격성, 의심					
1	나는 내 친구와 의견이 맞지 않으면 서슴없이 이야기한다.	1	2	3	4	5

번호	문항 내용	전혀그렇지 않다	약간 그렇다	웬만큼 그렇다	꽤 그렇다	매우 그렇다
2	다른 사람과 의견이 맞지 않을 때 가만히 있지 않고 말로 따진다.	1	2	3	4	5
3	내 친구들은 내가 잘 따지는 편이라고 한다.	1	2	3	4	5
4	내 친구 중에 몇 사람은 내가 성미가 급하다고 생각한다.	1	2	3	4	5
5	나는 지나치게 친절한 사람을 의심한다.	1	2	3	4	5
6	사람들이 좋은 행동을 할 때 무슨 속셈이 있다고 생각한다.	1	2	3	4	5
	요인점수 합:					
분노						
1	나는 다른 사람들보다 더 자주 싸운다.	1	2	3	4	5
2	나는 너무 화가 나서 물건을 망가뜨려 버린 적이 있다.	1	2	3	4	5
3	나는 내 성격이 금방 터질 것 같은 화약과 같다고 생각한다.	1	2	3	4	5
4	나는 내가 미워하는 사람이 많이 있는 편이다.	1	2	3	4	5
	요인점수 합:					
총 계						

출처: 노안녕(1983), Buss–Durkee의 BDHI(Buss-Durkee Hostility Inventory,1957) 번안한 것을 기반으로 연구자들이 청소년용으로 수정

• 공격성 척도 (부모–성인용)

번호	문 항 내 용	전혀그렇지 않다	약간 그렇다	웬만큼 그렇다	꽤 그렇다	매우 그렇다
신체적 공격성						
1	때로 나는 누군가를 때리고 싶은 충동을 억제하기 어렵다.	1	2	3	4	5

2	누군가 화를 한껏 돋우면 나는 그 사람을 칠지도 모른다.	1	2	3	4	5
3	누군가 나를 때리면 나도 되받아 친다.	1	2	3	4	5
4	나는 다른 사람들보다 좀더 많이 치고받고 싸우는 편이다.	1	2	3	4	5
5	나의 권리를 보호하기 위해서 폭력을 행사해야 한다면 나는 기꺼이 그렇게 하겠다.	1	2	3	4	5
6	나를 몰아세운 사람과 주먹다짐을 한 적이 있다.	1	2	3	4	5
7	나는 너무 화가 나서 물건을 부순 적이 있다.	1	2	3	4	5
8	나는 누굴 때리는 것은 어떤 이유로도 정당화 될 수 없다고 생각한다.	1	2	3	4	5
9	나는 내가 아는 사람을 위협해 본 적이 있다.	1	2	3	4	5
*8번은 역채점 문항입니다.		요인점수 합 :				

언어적 공격성

1	나는 친구와 의견이 다를 때 솔직하게 얘기한다.	1	2	3	4	5
2	나는 다른 사람과 의견충돌이 잦다.	1	2	3	4	5
3	사람들이 짜증나게 하면 나도 그에게 맞서 그들에게 한마디 해줄 수 있다.	1	2	3	4	5
4	나는 다른 사람과 의견이 다를 때 흔히 논쟁을 벌이게 된다.	1	2	3	4	5
5	친구들은 내가 따지기를 좋아한다고 말한다.	1	2	3	4	5
		요인점수 합 :				

분노감

1	나는 화가 빨리 치밀지만 또 빨리 풀어진다.	1	2	3	4	5
2	일이 뜻대로 안되었을 때 나는 화를 참기 어렵다.	1	2	3	4	5
3	나도 때로 울분이 치밀어 참기 어려워 금방이라도 폭발해버릴 것 같다.	1	2	3	4	5
4	나는 쉽게 흥분하지 않는 사람이다.	1	2	3	4	5
5	나는 화나는 것을 통제하는 데 어려움을 겪는다.	1	2	3	4	5
*4번은 역채점 문항입니다.		요인점수 합 :				

적대감

1	나는 때로 시기나 질투에 차 있다.	1	2	3	4	5
2	내가 부당하게 대우받고 있다고 느낄 때가 때때로 있다.	1	2	3	4	5
3	다른 사람들은 항상 운이 좋아 보인다.	1	2	3	4	5
4	나는 때때로 스스로도 놀랄 정도로 심한 적대감에 휩싸이곤 한다.	1	2	3	4	5
5	누가 내게 친절하면 나는 그 사람이 내게 원하는 게 있어 그러지 않나 생각된다.	1	2	3	4	5
6	나는 소위 '내 친구'라는 자들이 나에 대해 몰래 이야기하고 다닌다는 것을 알고 있다.	1	2	3	4	5
7	나는 지나치게 친한 척하는 낯선 사람을 보면 의심이 든다.	1	2	3	4	5
8	나는 때로 사람들이 내가 모르게 나를 비웃고 있다는 느낌이 든다.	1	2	3	4	5
		요인점수 합 :				

총 계

*출처: Buss와 Perry의 AQ(Aggression Questionnaire)를 권석만과 서수균(2002)이 번안하여 한국판으로 개발한 AQ-K 질문지 (점수가 높을수록 공격성 수준이 높은 것임).

4. 공격성과 관련한 심리적 문제들

심리적인 문제들의 특성이자 안타까운 점은 한 가지만 나타나기보다는 다른 문제들과 함께 나타날 가능성이 높다는 것이다. 공격성 문제도 마찬가지. 아이가 공격적이고 반항적인 문제를 갖고 있을 때, 단순한 행동 문제뿐 아니라 불안이나 우울, ADHD, 애착 문제 등 여러가지 심리적 어려움이 동반되는 경우가 많다. 때로 이러한 심리적 문제들은 공격성 문제를 일으키는 원인이 되기도 하고, 공격성 문제의 결과로 나타나기도 한다. 과연 공격성 문제와 관련된 증상과 심리적 어려움에는 어떤 것들이 있는지 알아본다.

1) 반항성 장애(ODD) 및 품행장애(CD)와 공격성

공격성과 가장 많은 관련이 있는 문제는 반항성 장애와 품행장애라 할 수 있다. 두 가지 장애 모두 공격성이 가장 주요한 증상이기 때문이다. 반항성 장애가 있는 아이는 고집이 세고, 까다로우며 반항적인 행동이 반복된다는 것이 특징이다. 이 때문에 공격적인 행동이나 독하고 못된 말로 엄마 아빠를 힘들게 할 때가 많다. 즉 공격성을 가장 직접적으로 표현하는 문제 증상이라 할 수 있다. 공격성 문제를 잘 다루지 못했을 경우 점차 심각해지면서 반항성 장애가 되기도 하고, 반항성 장애의 성향을 갖고 있는 아이가 주요 특성으로 공격성을 폭발하기도 한다.

반항성 장애보다 좀 더 파괴적인 행동이 심해지고 문제 행동의 강도가 심각해지는 것이 바로 품행장애이다. 무엇보다 타인의 권리를 침해하고 직접적인 피해를 주는 것이 특징이다. 따라서 다른 사람에게 고통을 주거나 신체적, 언어적 공격으로 타인의 권리를 방해한다. 또한 도둑질을 하거나 야만적인 행위를 하기 때문에 비행 행동이 많이 나타난다.

이처럼 반항성 장애나 품행장애는 공격성과 매우 밀접하게 관련이 되어 있다. 주의할 것은 아이가 공격적이라 하여 함부로 반항성 장애나 품행장애로 진단을 내려서는 안 된다는 것이다. 실제 비행 청소년의 경우도 극히 일부만이 품행장애로 진단을 받기 때문에 아이가 공격적 행동을 보인다고 해서 섣불리 임의로 진단을 내리거나 낙인찍어서는 안 된다.

공격성 문제가 주요한 증상인 반항성 장애의 의학적 진단 기준은 다음과 같다.

표 3 반항성 장애의 의학적 진단기준

자주 화를 낸다.
자주 어른에게 따진다.
자주 어른의 요구나 규칙 따르기를 거세게 반항하거나 거절한다.
자주 사람들을 일부러 괴롭힌다.
자주 자신의 실수나 나쁜 행실을 다른 사람의 탓으로 돌린다.
자주 과민해지거나 다른 사람을 괴롭힌다.
자주 화를 내고 분개한다.
자주 원한을 품거나 앙심을 품고 있다.

* 부정적·적대적·반항적 행동양식이 적어도 6개월 동안 지속되고 있으면서 위의 준거들 중에서 네 가지 이상이 나타난다.
* 위의 문제들이 정신병이나 기분장애가 있을 때만 나타나는 것이 아니어야 하고, 학교나 사회, 직업상의 기능에서 치료적으로 중요한 결함을 보이는 원인이어야 한다.

출처: **DSM-IV** 반항성장애 진단 준거

2) 반사회성 성격장애와 공격성

사이코패스에 대한 사회적인 관심이 높아지면서 반사회성 성격장애에 대해서 많은 연구들이 이루어지고 있다. 반사회성 성격장애는 생활 전반에 걸쳐서 타인의 권리를 무시하거나 침해하는 것으로 성인기까지 지속되는 것이 특징이다. 주요한 증상으로는 충동적이고 공격적이며 반복적으로 육체적인 싸움이나 폭력행위를 저지르는 경향을 보이는 것이다. 이 때문에 범죄행위와 가장 관련이 높은 성격장애로 꼽는다. 반사회성 성격장애의 진단 준거 중 공격성은 신체적 싸움, 기물 파손 등 많은 항목과 관련이 있다. 공격성이 곧 반항성 성격장애의 원인은 아니지만 장애를 예언하는 주요한 특성임에는 틀림이 없다.

공격성은 여러 가지 행동 특성 중에서 특히 대표적인 반사회적 행동으로 간주된다(박경택, 2001). 또한 기존의 연구결과들을 보면 반사회성 성격 특성을 가진 사람들은 운동충동성이나 신체적 공격성, 간접 공격성 등이 다른 하위요소보다 높게 나타난다(Andrea, Ernest, & Barratt, 2004). 청소년 대상 연구에서도 공격성이나 충동성이 높을수록 폭력행동의 수준도 높은 것으로 나타나고 있다.

3) ADHD와 공격성

ADHD는 공격성과 가장 관련이 많은 증상 중 하나로 꼽는다. 실제 공격성 문제로 상담센터를 찾은 아이 중 심리검사를 통해서 ADHD 성향을 가진 것으로 밝혀지는 경우를 적지 않게 만날 수 있다. ADHD는 공격성 문제의 주요한 원인으로 꼽히는데 실제 여러 연구에서 ADHD가 있는 아동 중 거의 50% 정도, 특히 남자아이의 경우는 공격성과 관련이 있는 반항성 장애(ODD)를 갖고 있는 것으로 알려져 있다. 반항성 장애의 주요한 특성이 바로 공격적인 성향과 문제 행동이다. 만일 아이가 ADHD가 있고 반항성 장애까지 함께 갖고 있다면 아동은 공격성 문제를 주요하게 보고할 수 있다.

또한 ADHD를 갖고 있는 아동의 일차적 특성인 주의력 문제나 과잉행동은 성인이 되면서 감소되는 경향을 보이는 반면, 이차적 행동특성은 더 심각한 문제로 대두되는 것(서정희, 1999)으로 알려져 있다. 또한 공격성을 동반한 ADHD 아동은 공격성 문제가 없는 ADHD 아동에 비해 발달성 읽기장애가 자주 나타나며(McGee 등, 1984), 알코올 문제 등도 함께 경험하는 것으로 나타났다(Marshall 등, 1990).

ADHD 성향으로 인해 학교나 가정에서 꾸중을 많이 듣거나 부정적인 피드백을 받은 아이는 좌절감을 쌓아가게 되고, 이를 충동적이고 공격적인 방법으로 해결하려 들 수 있다. 이 때문에 공격성이 다시 꼬리를 물며 심해질 수 있기 때문에 더욱 세심한 양육이 필요하다.

4) 우울증과 공격성

공격성의 방향이 타인에게만 향하는 것은 아니다. 공격성이 자기 자신에게 향할 경우 자책이 심해지고 죄책감을 느끼거나 작은 일에도 자존감이 바닥으로 떨어지는 일들이 발생한다. 이렇게 자신에게 향하는 공격성이 심해지면 우울감을 느끼는 원인이 되기도 한다. 정신분석학에서는 우울을 일으키는 주요한 원인으로 상실감을 들고 있다. 즉 극복하지 못한 상실감이 분노의 감정으로 나타나지만 이를 적절히 분출하지 못하고 내적으로 향할 때 우울이 나타난다고 본다.

우울과 공격성과의 관계를 연구한 결과들은 크게 두 가지로 나뉜다. 먼저 공격성이 적극적으로 표출될 때 우울은 감소한다는 입장이다. 예를 들어 전쟁 기간 국민들 사이에서 공격적인 분위기가 한참일 때는 우울증이나 각종 질병이 줄어든다는 것이다. 또한 남성보다 덜 공격적인 여성의 경우 우울감을 더 많이 경험한다(1995, 김지경)는 것도 이러한 주장을 뒷받침한다. 그러나 이러한 입장보다는 우울과 행동장애, 공격성 간에 밀접한 관련이 있다(Cole, 1990)는 쪽이 설득력을 얻고 있다.

학교에서 괴롭힘을 당하는 아이들뿐 아니라, 따돌림을 주도하는 아이도 우울감을 느끼는 것으로 밝혀졌으며, 우울과 비행의 관계 연구에서도 비행행동은 우울감의 다른 표현으로 본다. 따라서 아이가 비행행동이나 폭력적인 행동을 보일 때 행동 자체뿐 아니라 그 이면의 가려진 감정에 대해서 주목할 필요가 있다.

5) 불안과 공격성

불안은 분리불안, 사회공포증, 강박증, 외상후 스트레스 장애 등 여러 가지 유형으로 나뉘는데 공통적으로 자신의 정서를 조절하기 어렵다는 것이 특징이다. 정서조절은 어릴 때부터 차근차근 연습할 기회를 가져야 하는데,

이런 기회를 충분히 갖지 못하면 사회적인 상황에서 자기감정이나 행동을 조절하기 어려워진다. 또한 불안한 상태에서 사람은 자신을 위험으로부터 지켜야 한다는 생각 때문에 공격행동이 나타날 수 있고, 자신도 모르게 한 공격행동 때문에 다시 불안이 자극된다. 당황스러운 마음과 극심한 불안으로 의도치 않게 공격성이 나타날 수 있기 때문이다. 특히 이런 문제는 학교에서 발생하기 쉬운데, 예를 들어 교사가 체벌을 자주 하면 아이의 불안이 높아지고, 이와 함께 공격성도 함께 상승한다(지승언, 2010)는 연구결과도 있다.

특히 타인의 평가에 민감하고 걱정하는 사회적 불안이 높은 사람의 경우 자신의 행동이 부정적으로 비칠 것이라 짐작하기 때문에 이를 보복하기 위해 공격적인 방법을 더 많이 사용한다(Clark & Wells, 1995; Crick, 1997; Dodge & Crick, 1990)는 연구도 있다. 중학생을 대상으로 부모의 심리적인 통제와 부정적 평가에 대한 두려움, 관계적 공격성 간의 관계를 연구한 결과에서도 불안과 공격성이 서로 관계가 있음을 알 수 있다. 특히 남자 청소년의 경우 부모의 심리적 통제로 인해 다른 사람의 시선과 평가에 대해 불안을 느끼게 되고, 이런 불안이 다른 사람들과의 관계에서 보복하려는 관계적 공격성을 부추기는 것으로 나타나기도 하였다(현지은, 2010).

PART 02

공격성 문제의
원인 찾기

본 PART에서는 공격행동의 원인을 탐색하기 위해 인간의 행동과 심리를 설명하는 다양한 이론들 중 공격 행동에 대한 내용을 발췌하여 소개하고자 한다. 각 이론들은 인간의 행동을 설명하기 위해 오랜 기간 학자들이 연구와 임상

대상관계이론적 입장
정신분석학적 입장
아들러이론적 입장
생태학적 입장
사회학습이론적 입장
욕구이론적 입장
사회인지론적 입장

실험을 통해 밝힌 것들로 실제 임상현장에서는 이 이론들에 바탕을 두고 내담자들의 공격행동에 대해 상담전략과 계획, 기술을 적용한다.

그러나 공격행동에 대한 원인은 하나의 이론이나 관점으로 설명될 수 없으므로 다양한 이론을 이해하여 각 상황과 행동특성에 맞는 이론을 접목하고 원인과 해결 전략을 세워야 한다. 문제행동에 대한 이론적 배경을 이해한다는 것은 공격행동의 근원을 찾아 제거하는 데 큰 도움이 될 것이다.

Ⅰ. 공격성 원인에 대한 여러 관점들

1. 대상관계이론적 입장

대상관계이론의 관점에서 공격성은 3세 이전에 양육자가 아동발달에 필요한 양육환경을 부적절하게 제공하여 아동의 심리 내면에 불안과 분노, 증오, 우울, 두려움, 비행, 파괴성이 발생되기 때문인 것으로 보고 있다. 이러한 내면적 특성들은 이후 아동기에 부모나 친구로부터 폭력을 당하거나 공격과 박해의 대상이 되었던 경험에 의해 다시 형성되고 표출되는 '충동적, 반응적, 적대적, 감정적' 공격성을 유발하는 원인이 된다.

대상관계이론에서 공격성을 유발하는 요인으로 보는 것은 자기와 타인 혹은 대상과의 관계에서 좋음과 나쁨에 대한 통합성을 이루지 못한 분열 상태와 건강한 자기감을 확립하지 못한 상태, 그리고 아동의 전능성을 충족시켜주는 양육자의 공감적 반응의 부족 등이다(이정혜, 2004). 이 요인들은 각각 직접 아동에게 작용하여 공격성을 일으키기도 하고, 세 개의 요소가 부정적인 자기 및 타인표상을 형성하고 사회적 관계에서 부정적 기대와 지각을 하는 데 영향을 주어 공격적 행동이나 감정이 나타나도록 한다.

유치원에서 또래 아이들을 밀치거나 때리는 아동의 경우, 만 3세 이전 양육자의 공감적 반응 부족, 부모가 기분이나 감정에 따라 유사한 상황에서 상반된 양육태도를 보이면서 혼란스러운 경험을 주었을 것으로 추측해 볼 수 있다. 이러한 아동은 타인에 대한 부정적 표상을 형성하게 되어 관계가 확장되기 시작하는 첫 교육기관 적응 과정에서 또래의 행동이나 반응을 부정적으로 인식하게 되고, 이로부터 자신을 보호하기 위해 공격적인 행동을 할 수 있다.

2. 정신분석이론적 입장

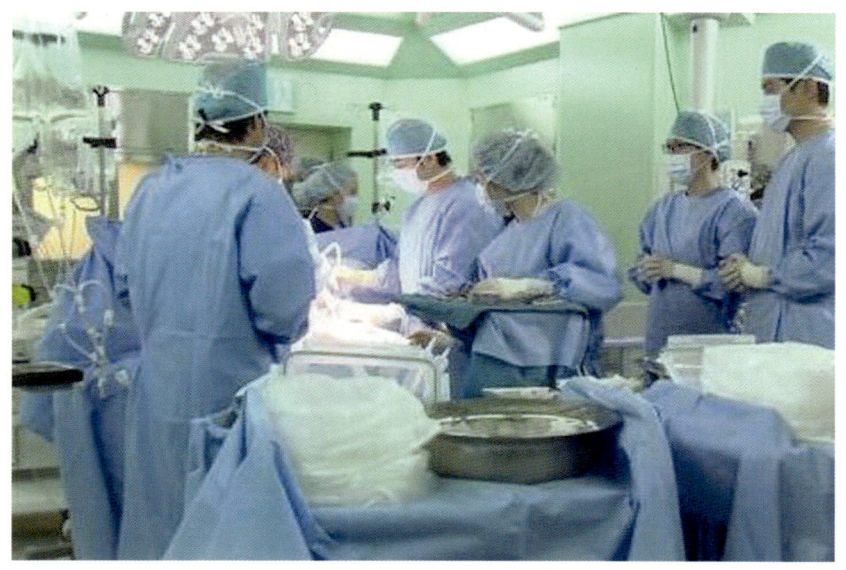

MBC 드라마 〈종합병원2〉(2008)

건강한 방법으로 인간의 공격성이 표출된 예
– 의사의 수술 장면

프로이트는 인간의 모든 행동은 상반되는 두 개의 본능에 의해 유발된다고 하였다. 이 중 하나는 성장에 가치를 두는 리비도(Libido)로 성욕과 관계되는 행위를 포함하여 생명력으로 연결이 되는 것이고 다른 하나는 생명을 파괴하고 모든 폭력과 파괴 행위의 근원이 되는 죽음의 본능이라고 불리는 타나토스(Thanatos)이다. 후자는 생명의 정지를 추구하고 모든 폭력과 파괴의 근원이 된다고 하였다. 이러한 에너지는 사회적으로 받아들여질 수 없는 행동이나 싸움, 물건을 파괴하는 것과 같이 바람직하지 않은 활동으로 표출되어 소위 일컫는 공격성으로 표출된다. 프로이트는 공격성이 인간의 자연스러운 본능으로부터 생성되는 것이기 때문에 제거하거나 억제할 수 있는 것이 아니므로 보다 건강한 방식으로 에너지를 발산할 수 있는 안전 통로를 만들어 주는 것이 중요하다고 하였다.

3. 아들러이론적 입장

Adler는 인간의 공격성을 우월을 추구하기 위한 활동력으로 전제하였다. 공격성이 타인에 대한 기여의 의미를 지니는가 혹은 자기 발전과 개인적 권력 추구에만 목표를 두고 있는가에 따라 부적응적인지 아닌지를 판단할 수 있다고 하였다.

달리 설명하면 사회적 관심은 공격성을 통제할 수 있는 가장 중요한 요소로 인간의 기본 욕구인 우월 추구에 사회적 동기를 부여하게 되는 것이라 하였다(Adler, 1956). 또한 Ansbacher(1978)도 사회적 관심은 공격성에 대항하는 반대세력으로 개발된 사회적 동기이며 사회적 관심이 부족한 것은 모든 부적응적 행동의 원인이 된다고 하였다.

4. 생태학이론적 입장

생태학적 입장에서는 공격성을 외부자극에 반응하도록 진화해 온 종 특유의 행동으로 자신의 생계와 영토를 위한 싸움, 번식에서 최우수자가 되기 위한 경쟁, 공동체 내에서 질서를 위한 힘의 지배에 의해 나타나는 것으로 보고 있다.

공격성은 원초적인 생존본능이기도 하다.

Lorenz의 동물생태학 이론에 따르면, 인간과 동물은 같은 종의 구성원들에 대해 기본적인 공격본능을 가지는데, 이는 진화의 목적에 기여하므로 개인과 종의 생존보장을 위해서 필요한 것이다. 즉, 공격성은 인간을 포함한 많은 동물들이 종족과 개체를 보존하고 집단 내의 질서를 형성, 유지하기 위해 투쟁의 본능을 지니는 것이며 기본적으로 동기화 된 힘이나 충동으로 외부 환경 자극에 의해 발산된다고 보았다.

5. 사회학습이론적 입장

Bandura는 공격성을 '학습된 일종의 사회적 행동'으로 설명한다. 공격성 행동은 타인이 행하는 공격적 행동을 주의하고 기억하는 관찰 학습의 방법, 즉

시범을 통해 모방하고, 관찰과 모방을 통해서 학습이 되며, 강화를 받을수록 더욱 자주 일어나게 된다고 주장한다.

경험을 통해 공격적 반응을 배우고, 공격적 행동 후의 강화를 받으면서 장래에 공격적 행동에 의지할 가능성이 높아지는 것이다. TV나 신문 등 미디어에서 접하는 폭력적·공격적 사건의 보도가 공격심리를 높인다고 보는 것은 이러한 사회학습이론에 입각한 해석이다.

Patterman과 그의 동료들이 양호학교 학생들의 공격적 행동에 대하여 연구한 결과, 초기에는 수동적이고 비권위적인 아이들이 결국에는 공격성을 많이 보이는 아이로 변해 가는 것을 관찰할 수 있었다. 그리고 그 이유는 자신들이 보였던 수동적인 행동의 결과보다는 공격적인 행동이 타인의 공격으로부터 방어할 수 있는 강화요령이 되고 있기 때문임을 발견하였다.

많은 연구들은 아이들이 초기에 어떤 모델에 의해서 공격적인 행동을 학습하는지에 대해 초점을 두어왔다. 양호학교 어린이들의 공격성에 관한 Bandura의 설명은 아이들은 공격적인 성향을 모방하며, 공격적인 장면을 간접적으로 경험하는 모델을 머릿속에 기억하기 때문이라 하였다.

아이들은 공격적인 모델을 보며 그 공격성이 학습되어 행위가 증폭되거나 심화될 수도 있다. 학교폭력 청소년의 경우, 부모의 학대 혹은 또래 간 폭력에 노출되면서 학습 및 강화에 의해 공격성이 높아질 수 있다.

6. 욕구이론적 입장

욕구좌절이론은 1939년 예일대학교 심리학자들의 좌절-공격(frustration-aggression)가설을 시초로, 공격행동은 좌절에 의해 생기며, 좌절은 반드시 공격행동을 일으킨다는 주장에 의해 성립되었다.

Dollard는 생득적 추동(Drive)으로서의 공격성은 무의식 속에 자리하고 있다가 어떤 목표에 도달하려는 행동이나 동기가 방해를 받아 좌절을 겪게 되면 외부로 표출 된다고 설명하였다. 좌절은 외부적 요인뿐만 아니라 내부적 요인에 의해서도 나타날 수 있으며, 일단 좌절에 빠지면 목표행동이 방해를 받는 것은 물론 자존감마저도 위협을 받게 되므로 좌절을 경험한 인간은 어떤 형태로든지 공격성을 일으키게 된다고 하였다.

1974년 Dollard와 동료들은 욕구좌절의 범위에 대해 목표를 향한 반응이 제지를 당하거나 억제 당한 경우뿐만 아니라 성취욕구나 중요한 행동목적이 외부적인 힘에 의해서 방해를 받거나 제지를 당하는 경우, 양립할 수 없는 행동 때문에 일어나는 내적 갈등을 갖는 경우, 목적 추구에 제지를 당하여 부당하거나 불안한 감정을 느끼는 경우 등으로 확대 정의하였다.

그 외에도 Mckeachie & Doyle(1966)는 욕구좌절의 원인을 물리적 환경의 제약인 장면장애, 부모나 사회의 지나친 기대로 인한 좌절인 대인장애, 자신의 능력이나 신체적 결함으로 인한 개인적 장애의 3가지로 구분했고, Eron(1980)은 욕구좌절의 반응은 목표반응의 크기와 욕구불만의 종류, 긴장의 세기, 개인의 성숙과 자신의 행동을 통찰하는 정도에 달려 있다고 보았다.

7. 사회인지이론적 입장

사회인지이론은 공격성에 대한 새로운 연구방향을 제시한 것으로 사회적 정보처리 이론이라고도 불린다. 인간은 특정한 행동을 취할 자유의지를 지니고 있고, 이 자유의지에 위협이나 침해를 받게 되면 내적 과정을 거쳐 그에 대한 반작용을 결정하게 된다는 것이다.

Dodge(1982)는 공격행위의 정보처리과정을 해독과정, 해석과정, 반응탐색과정, 반응결정과정, 약호화과정의 다섯 단계로 설명하고, 아동은 질서 정연한 형태로 단서를 처리하게 되며 이와 같은 순서로 처리하지 못하면 공격성과 같은 일탈행동을 일으킬 가능성이 많다고 하였다.

또한 공격행동은 타인의 행동에 대한 부적절한 해석이나, 직면한 상황의 단서를 처리하는 과정에서 사회성 기술 또는 사회적 능력의 부족으로 나타난다고 설명하였다(Dodge, 1980). 그리고 Eron(1980)은 상대방의 행동에 대한 추론능력의 결핍과 여러 가지 사회인지기술의 결함은 공격성 행동과 관계가 있다고 설명하였다. 사회적 또는 언어적인 기술이 미숙한 사람은 갈등을 해결하는 데 제한된 수단을 가지고 있어서, 이들은 작은 자극에도 신체적인 공격성을 보이기 쉽고, 공격적인 아동이 대인문제를 해결하는 기술을 학습한다면 공격성이 감소할 수 있다고 하였다.

이러한 이론들을 바탕으로 다음 장에서는 아동 공격행동의 원인에 대해 다양한 차원으로 살펴보고자 한다. 아동의 공격행동에 대해 많은 학자들은 여러 가지 원인들을 언급하였다. 아동의 공격행동은 다른 문제행동과 마찬가지로 특정한 하나의 원인으로 단정할 수 없고, 아동의 선천적 자원,

환경적 조건, 시간의 변화, 맥락적 상황들이 서로 맞물려 상호작용하여 촉발되었다고 볼 수 있다.

Ⅱ. 공격성의 원인

1. 개인적 요인

1) 유전 & 생물학적 요인

(1) 유전자

'공격성은 유전이 되는가?'라는 질문은 오랜 기간 논쟁이 되어 왔다. Zulliger(1956)은 범죄 가정에서 태어난 아동을 출생 직후 '좋은 가정'으로 입양시켰음에도 불구하고 그는 친부모와 같이 청년기 때 범죄자가 된 사례를 통해 절도나 거짓말은 유전적인 요인에 의한 것이라 결론지은 바 있다.

실제 임상실험에서도 Carins(1979)는 공격적인 수컷과 암컷의 새끼 쥐와 비공격적인 수컷과 암컷의 새끼 쥐를 비교하는 실험에서 전자의 새끼 쥐가 더 공격적인 특성을 드러냄을 밝혀 유전자가 공격성의 요인이 됨을 설명하였다. 최근까지 여러 연구자들이 심각한 공격적·파괴적 행동들이 유전자와 연관이 있다(Mason & Frick, 1994)고 보고하고 있으나, 무엇이 유전되는 것인지는 아직 밝혀지지 않았다.

(2) 기질

까다로운 기질의 아동들은 적응능력이 낮고, 반응에 대한 강도가 높으며, 부정적 정서의 수준이 높게 내재되어 있어 부정적 반응행동을 자주 나타낸다. 이는 또래관계나 부모자녀관계에서 어려운 상황이 닥치면 공격행동으로 이어질 확률이 높다는 의미로 볼 수 있다. 기질적인 특성이 예민하고 신경질적인 아동의 경우, 환경적 요인(부모, 주요 양육대상자)과의 관계에서 다른 아동들에 비해 더욱 많은 좌절과 박탈을 경험하여 공격적인 행동을 발달시키게 된다. 이 밖에도 활동량이 많고 충동적인 아이들도 공격적인 행동을 많이 한다. 특히 발달상 초기인 영유아기에 공격적이고 파괴적이었던 아동들은 후에 그런 특성을 보인 아동에 비해서 더 공격적이고 과활동적이라는 결과가 보고되고 있다.

(3) 신경체계 및 구조

Kaufmann(1994)은 신경구조와 공격성의 관계를 설명하기 위해 동물의 시상하부에 전극을 장치하고 자극을 가했을 때 그 동물이 공격, 수비, 싸움 등의 태세를 갖추었다고 보고하였다.

Moyer(1979)도 뇌의 특수 부위가 자극을 받으면 공격성을 일으키는 특정 신경 부위가 있음을 확인하였다. Gross(1972)는 뇌손상으로 비정상적인 뇌파를 보이는 아동은 종종 자극통제를 하지 못하고 공격성을 드러낸다고 하였다.

또한 Quay(1993)는 반항장애와 품행장애 그리고 주의력결핍 행동장애에서 보이는 공격적 행동의 병인을 하나의 모델로 제시하였다. 이 모델에서는 사회적·정서적·기계적 사태를 처리하는 데서 나타나는 개인차는 행동 활성화 체계, 행동 억제 체계, 그리고 일반 각성체계의 세 가지 신경생물학적 체계들의 보완적 활동을 반영한다는 것을 가정하고 있다.

이에 따르면 심각한 조기발병 품행장애는 두 가지 체계의 불균형 때문에 발병한다는 것이다. 불안과 관련된 상황, 새롭거나 두렵거나 보상이 없거나 처벌을 받을 수 있는 상황에서 행동을 억제할 때 행동억제체계(BIS)는 기능을 못하는 반면 쾌락정서와 관련되는 행동활동체계(BAS)는 과활동적이다. 또한 공격성, 지배성, 폭력 그리고 특별히 조기에 발병되는 품행장애는 낮은 자율신경계 활동과 낮은 HPA축 반응성과 관계가 있다(Van Goozen et al., 2000). 이 밖에 낮은 세로토닌 신경 활동은 혐오자극에 대한 과민성 및 과반응성과 관련되고, 낮은 코티졸 활동은 스트레스를 효과적으로 조절하는 활동을 저해한다.

(4) 생리적 요인

공격성이 생물학적인 요인에 의해 유발된다는 것은 공격성이 성차에 따라 다르게 나타난다는 사실에서부터 출발한다. 구체적인 근거로 남성 호르몬인 테스토스테론의 과다분비가 공격성의 원인이 된다는 것은 많은 연구에서 입증되었다. Carins(1979)는 새끼를 밴 동물에게 남성 호르몬인 테스토스테론(Testosterone)을 주사하여 그 새끼의 공격성이 높아짐을 밝혀냈고, Maccoby도 어린 동물에게 테스토스테론(Testosterone)을 주사하여 같은 결과를 얻었다.

동물뿐 아니라 Dan & Olweus(1980)이 16세 청소년을 대상으로 연구한 결과에서도 자신을 공격적으로 보고한 집단이 그렇지 않은 집단에 비해 남성 호르몬인 테스토스테론(Testosterone)이 높다고 보고하였다. 또한 테스토스테론(Testosterone)의 수치가 극단적으로 높은 남성 집단이 그렇지 않은 집단에 비해 비행, 학대, 폭력의 비율이 더 높게 나타났다(Dabbs, et al., 1995; Dabbs & Morris, 1990)는 결과도 남성호르몬이 공격성을 일으키는 주요한 인자임을 입증하는 결과이다. 높은 테스토스테론 활동은 욕구좌절상태, 특히 개인이 부정적 기분상태일 때 공격성과 지배성을 조장한다.

(5) 신체적 조건과 힘

신체적 조건이 조숙하거나 월등히 남성적인 청소년의 경우, 또래들보다 힘이 센 남자아이들의 경우 집단에서 지배적이고 자기주장적이라는 연구결과가 있다(Feshbach, 1964; Mussen & Jones, 1957). 다시 말해 유전적으로 타고났거나 갖춰진 신체조건과 힘도 공격성의 한 설명요인이 될 수 있다. 한 예로 일부 ADHD 남아 중 덩치가 크고 운동능력이 뛰어난 경우 주변 비행청소년들에게 호감이 가는 또래로 여겨지면서 공격적 행동을 유발할 수 있는 환경에 노출되게 된다.

2) 발달적 요인

(1) 신체발달의 문제

아동들은 자신의 신체 기술을 자유롭게 사용하지 못할 때 짜증이나 화를 내고, 이러한 스트레스를 공격행동으로 표출한다. 뿐만 아니라 행동조절에 어려움이 있는 아이들도 자신의 신체를 정교하게 움직이거나 상황에 맞게 적절히 표현하기 어려운데, 이때 투박하고 상대를 괴롭히거나 피해를 주는 방식으로 신체적 표현을 일삼는다.

(2) 언어발달의 문제

언어가 늦은 아동들은 자신의 욕구나 감정을 표현하는 것이 서툴고 어렵게 느껴 말보다 행동으로 자신의 의사를 표현하기 쉽다. 따라서 친구들과의 대화에서 자기표현을 제대로 할 수 없어 적절한 말 대신에 신체로 자신의 의사를 표현하거나 반응을 얻기 위한 행동을 한다. 예를 들어 놀이터에서 놀고 있는 다른 또래아이에게 관심이 있다는 것을 치거나 때리는 식의 행동으로 표현하는 것이다.

> 38개월 된 딸아이를 둔 엄마입니다. 참고로 우리 아이는 아직 말을 잘 못합니다. 몇 달 전까지만 해도 마음에 안 드는 일이 있으면 그저 엄마나 아빠를 때리는 정도여서 크게 걱정을 안 했는데, 얼마 전부터 놀이터나 공원에서 친구들이나 나이 어린 아이들을 보면 때리는 시늉을 하거나 실제로 때리기 시작했어요. 아이들이 반응이 없으면 꼬집기도 하고, 심지어 물건을 빼앗으려다가 마음대로 안 되면 물기도 합니다. 요즘은 아이들과 만날 때마다 그러니 미칠 노릇입니다. 말로 타일러 보았지만 소용이 없어서 가끔은 혼내고 매로 겁을 준 적도 있어요. 그런데 요즘 들어 횟수가 잦아져서 부쩍 걱정이 큽니다. 이런 일이 일시적인 것인지 계속 심해지는 건 아닌지 걱정입니다.

(3) 정서발달의 문제

정서발달이 미숙한 아이들은 정서표현과 조절의 문제를 함께 갖고 있으며 이러한 정서발달의 문제는 행동조절 문제로 이어져 공격성을 드러내게 된다.

또한 내적 충동에 대한 통제력이 결여되어 작은 좌절에도 강한 정서반응을 일으킨다.

또한 아동이 불안한 상태에 대해 매우 부정적인 경험을 하였을 때 불안한 감정으로부터 벗어나기 위한 행동표현으로 공격성을 드러내기도 한다. 예를 들어 ADHD 아동·청소년의 경우 타인에 대한 공감능력이 부족하고, 자신의 기분이나 감정 기복이 크기 때문에 원하는 대로 잘 되지 않을 경우 의도하지는 않았지만 타인을 공격하게 될 수도 있다.

(4) 성격발달의 문제

온순한 성격의 아동이 발끈하며 화를 내고 공격적인 행동을 하기도 한다. 충동적으로 불쑥 튀어나오는 화는 대체로 순종적인 아이들에게서 많이 나타난다.

응석받이라든가 지나친 과잉보호를 받는 아이, 어리게만 취급당하는 아이, 지나친 규율로 교육받은 아이들은 부정적인 감정과 공격적인 성향들을 오랫동안 억누르게 된다. 그리고 이것이 어느 시기에 가서는 아주 사소한 동기로 인해서 발끈 치미는 화로 폭발한다. 그러나 이때 이러한 분노를 어떻게 외부로 표현하고 발산해야 하는지 모르기 때문에 자신의 감정을 안으로 숨기려 한다. 대신 이렇게 누적되고 억압된 공격성은 자기보다 약한 존재나 동물을 잔인하게 학대하거나 타인의 고통에 대해 공감하지 못하는 식으로 나타나기도 한다.

(5) 사회성 발달의 문제

사회적 기술이 부족한 아이들은 또래에 대한 관심 표현과 상호작용의 하나로 공격적인 행동을 한다. 특히 연령이 어린 아동들의 경우, 자기중심적이고 또래 수용성이 낮아 또래 관계에서 스트레스 상황이 발생하면 부적절한 방법으로 공격적인 대처를 하게 된다. 학교 입학 전에 적절한 사회적-정서적 기술을 발달시킬 기회나 격려가 부족했던 아이들이 그렇지 않은 아이들에 비해 공격적인 행동을 많이 한다는 연구결과도 보고되고 있다.

6살 된 남자아이랍니다. 5살 때 어린이집 선생님의 권유로 친구들과 잘 어울리지 못하는 문제에 대해 상담을 받은 적이 있습니다. 유치원에 갈 수 있을지 걱정했는데 잘 다니고 선생님도 좋아하고 유치원 과제도 잘 따라가는 편입니다. 그런데 동네 놀이터에 가서 보면 아직도 친구들과 잘 어울리지 못합니다. 유치원 선생님 말로는 친구들이 같이 놀려고 다가가면 못 본 체, 못 들은 체하다가, 친구들끼리 놀고 있으면 자기도 같이 놀고 싶어서 주위를 맴돌며 물건을 뺏거나 훼방을 놓거나 때린다고 합니다. 왜 이렇게 행동을 하는지, 어떻게 해야 할지 모르겠어요.

(6) 인지발달의 문제

표 4 인지발달 문제의 종류

자신에 대한 조망 수용 능력의 부족	공격성이 높은 아동들은 자신에 대한 조망수용능력이 부족한 경우가 종종 있다. 싸움이나 난동 후 아주 짧은 시간이 지난 뒤 자신이 어떤 일을 저질렀는지에 대해 기억하지 못한다. 이들은 반성적인 능력이 부족하여 자기를 객관적으로 관찰할 수 있는 능력이 부족하다. 다시 말하면 '관찰하는 자아(Observing ego)'가 발달되지 못하여 정신분석에서 말하는 자신의 생각과 행동에 대해 구경꾼의 위치에 서서 볼 수 있는 능력이 부족하다.
타인 조망 수용 능력의 부족	타인에 대한 조망수용능력도 부족하다. 아동들은 타인의 감정이나 욕구, 다른 사람의 반응을 생각하며 자신의 행동을 중단하는 데 어려움을 지닌다.

사회적 조망 수용 능력의 부족	집단의 규율이나 사회적으로 적절한 행동에 대해서도 무감하다. 그리고 각성된 상태에서 인지적으로 조절하는 능력이 부족하다.
과잉 귀인 경향	이들은 인지과제에 대해 다른 아동들에 비해 성급하고 충동적인 반응을 하고 사회적 상황에서 타인을 적대적으로 해석하는 과잉귀인(Overattribution) 경향이 있다.
건설적 사고와 행동의 부족	새로운 도전을 찾고 여러 가지 경험을 통해 자신의 세계관을 확장시키고자 하는 능력이 부족하고 무엇인가를 성취하고자 하는 목표지향적인 태도도 부족하다. 좌절을 경험하게 되면 창의적이고 건설적인 대안을 찾기보다는 분노발산이라는 유일한 방법을 통해서만 자신의 욕구를 해결하고자 하는 특성을 보인다.
인지발달의 불균형	인지발달이 불균형한 아동의 경우, 특히 지능검사에서 이해, 차례맞추기, 모양맞추기 소검사에서 낮은 점수를 획득한 아동들은 사회적 상황에서 주어진 단서를 획득하고 이를 해석하는 과정에서 오류를 범하거나, 어떻게 행동해야 하는지에 대한 정보가 부족하여 또래에 비해 미숙하고 충동적, 공격적인 대처를 하게 된다. 이 경우 자신이 원하는 대로 되지 않으면 작은 자극에도 신체적인 공격성을 보이기 쉽다.

2. 환경 & 양육적 요인

1) 가족환경

(1) 부모의 양육태도

① 비일관적 양육태도

부모의 감정에 따라 어떤 때는 아이가 원하는 것을 다 해주려고 하고, 어떤 때는 지나친 무관심, 어떤 때는 지나친 처벌 등 비일관적인 양육태도를 보이는 경우가 있다. 이런 양육환경에서 자란 아이는 좌절감을 경험하고, 정서적 혼란문제가 공격적인 행동을 발달시킬 가능성이 높다.

② 공격행동에 대한 허용과 강화

아동의 공격행동에 대한 부모의 대처행동은 이후 공격행동의 증감에 영향을 준다. 아동이 공격행동을 보였을 때 부모가 그 행동 뒤에 숨어 있는 내면에 공감해주고 단호히 제한하고, 대안을 제시해준다면 공격행동은 줄어들 것이다. 그러나 아동의 공격행동을 웃어넘긴다거나 어리광으로 받아주거나, 묵인한다면 아동은 자신의 행동에 대해 분별할 수 있는 기회를 잃고 행동을 지속하게 될 것이다.

이러한 부모의 허용적 태도는 아동의 공격성을 증가시키고 또 다른 방식으로 발전시키도록 하며, 다양한 목적으로 공격적 행동을 사용하게 될 것이다. 또한 평소에는 자녀에게 무관심한 행동을 보이다가 자녀가 공격적인 행동을 할 때마다 많은 관심을 보인다면 아이는 부모의 관심과 사랑을 강화물로 얻음으로써 계속 공격적인 행동을 반복할 수 있다.

③ 과잉보호

부모가 아동에게 필요이상으로 도움을 주어 아동에게 성장할 수 있는 기회를 빼앗은 경우, 부모의 품이 편안하기도 하지만 그와는 반대로 답답하고 자신을 구속한다는 느낌을 갖기도 한다. 그리고 이에 대한 저항행동으로 공격행동을 취하기도 한다.

또한 세상에 대한 위축감이나 무능감의 책임을 무의식적으로 부모에게 돌려 부모에게 적대적인 감정을 가지고 공격적 행동을 표출하기도 한다. 뿐만 아니라 과잉보호를 받은 아동들은 집에서는 부모가 무엇이든 원하는 것을 모두 들어주지만 밖에서는 그렇지 못하므로 친구들을 때리거나 괴롭히면서 자신의 욕구를 충족하고자 할 수 있다.

④ 통제적 양육태도

부모가 지나치게 엄격할 경우, 아이는 부모 앞에서 자신의 욕구를 억압하게 되고 자기보다 약한 사람을 공격하면서 그 스트레스를 풀기도 한다.

또한 부모가 아동의 일거수일투족을 통제하려고 할 때 자유를 구속하고 자기 삶의 경계를 침해한다는 생각에 자신의 자유를 찾고, 자기 경계를 지키기 위한 표현으로 공격적 행동을 취하기도 한다. 현대 사회의 많은 아이들이 부모의 소유물로 자라며 성장과 발달에 방해를 받고 있다.

이들은 어느 시점까지 착하고 순종적인 아이로 자라다가 갑자기 억압된 공격성을 드러내어 부모를 당황하게 한다. 이러한 근원적인 이유가 부모의 과잉된 통제와 간섭에 있다는 것을 잊지 말아야 한다.

⑤ 애정욕구의 좌절

아동은 부모로부터 평소에 칭찬과 인정을 많이 받게 되면 그 만족스러움 때문에 당장 원했던 욕구가 좌절되어도 당장 충족시키려는 행동을 자제할 수 있게 된다. 그러나 그러한 관심과 인정, 심리적 만족감이 채워지지 않은 상태에서 대신 채울 수 있는 대안마저 없다면 실망감으로 좌절하게 된다. 이런 상황에서 아이의 요구를 묵살하거나 거부하는 어른의 행동이나 말은 못마땅하고 나쁘게만 느껴지며 이것이 쌓이면 내면에서는 심한 공격적인 성향이 싹트기 시작한다.

일상생활에서 가벼운 공격행동의 원인은 사랑을 받고 이해와 배려받고자 하는 희망에 대한 좌절이라 할 수 있다. 즉, 원래 공격적인 아이로 태어나는 것이 아니라 애정욕구의 좌절이 공격성을 키우는 것이다.

또한 자녀를 양육하는 부모가 보호자의 역할을 충분히 해주지 못하고 방치된 경우, 이러한 아동은 불안으로부터 자신을 보호하기 위해 공격성을 표출하게 된다. 그러나 그 불안한 내면을 들여다보면 한없이 애정을 갈구하는 연약한 아이가 있다.

보통의 환경에서 자란 많은 아동과 청소년들의 공격적인 행동 뒤에는 애정욕구의 좌절이 숨어 있고 이러한 좌절감과 분노를 공격행동으로 표출하고 있는 것이다.

⑥ 빈약한 정서적 교류

부모와 관계는 맺고 있으되, 어머니가 우울과 같은 정신건강상의 문제를 가졌거나 바쁜 일과로 아이와 정서적 접촉을 나눌 수 없을 때 아이는 늘 정서적 허기에 차 있고 부모에게 욕구좌절로 인한 분노를 쌓아가게 된다. 직장을 다니는 어머니들의 경우, 일과를 마치고 집에 돌아오면 하루 종일 엄마의 품이 그립고, 엄마의 사랑을 기다려온 아이를 만나게 된다.

그러나 애타게 기다렸던 엄마는 들어오자마자 식구들의 저녁식사를 준비하고 아이를 씻기고 다음날 숙제와 준비물을 챙기기 위해 닦달하게 된다. 이러한 엄마의 반응에 아이들이 눌러두었던 모성적 그리움은 실망으로 변하고 야속함에 동생을 때리거나 화를 내며 어머니를 더 속타게 한다.

어머니는 아이들의 정서적 충전소이다. 아이가 어머니로부터 애정을 충전할 수 있는 시간을 주어 방전으로부터 나오는 공격행동을 예방해야 한다.

⑦ 학대 경험

부모가 아동을 학대하고 방임하면 그렇지 않은 부모의 자녀보다 공격적으로 자랄 확률이 높다. 정서발달이 침해당했던 어린 시절의 경험들은 예견하지 못했던 결과를 낳는다.

우리사회의 충격적이고 잔인한 범죄, 폭력, 이기심, 전쟁은 근본적으로 어린 시절 받았던 학대경험에 대한 결과라고 할 수 있다. 학대 경험은 정서적 불안을 고조시키고, 학대자에 대한 분노, 애정욕구에 대한 좌절, 공격행동의 학습 등으로 이어져 아동의 공격성을 발달시키게 된다.

(2) 부모의 성격

아버지의 성격특성이 어머니의 성격보다 자녀의 공격성에 더 밀접한 관련이 있다. 특히 아버지가 엄격하고 통제적이며 권위주의적인 경우, 또는 난폭한 정서상태를 지닌 경우, 아동에 대한 배려심이 없는 경우 등은 아동들의 공격행동 발생에 큰 영향을 미친다(권기숙, 1982; 이현순, 1981; Becker, Peterson, Hellmer, Shoemake & Quay, 1964).

또한 부모가 우울증과 같은 만성적인 정신건강 문제를 가지고 있을 때 자녀의 공격성이 높다는 보고도 있다.

(3) 체벌 위주의 훈육방식

벌을 가하는 교육은 아이들에게 심한 공격성을 싹트게 한다. 체벌을 자주 경험하는 아이는 안전함에 대한 의식과 자존감이 약화되고 이에 대한 저항수단으로서 강한 공격을 하게 된다.

공격자 동일시 가설로 설명하면 아동들은 어떤 특정인과의 관계에서 체벌로 인해 받은 충격으로부터 자기회복적인 기능을 얻기 위한 수단으로 다른 사람에게 공격을 가하기도 한다.

또한 부모나 교사와 같은 주위 어른들로부터 체벌경험을 받은 아동이 무기력하게 당하기만 했던 역할에서 적극적 역할로 전환하여 자신이 상대방보다 강하다는 것을 확인 후 다른 사람에게 공격적인 행동을 할 수도 있다.

(4) 성인의 본보기

아동은 부모의 모든 행동을 동일시할 뿐 아니라, 이를 내면화하여 자신과 부모를 같은 존재를 느끼며 성장한다. 부모가 자녀에게 자신의 분노감정을 표출하게 되면 자녀는 자연스럽게 부모의 행동을 학습하게 된다. 폭력적인 부모 밑에서 폭력적인 자녀가 생긴다고 하듯이 부모의 폭력은 자녀에게 불안과 공포의 대상이기도 하지만 모델링의 대상이 되기도 한다.

부모의 공격적인 행동이 아동에게 공포와 적개심을 일으켜 역공격행동을 만들고 부모의 공격행동을 그 자체로 모방하고 학습하기도 한다. 아이는 공격적 행동을 자신과 가장 가까운 주변에서 체험하고 이를 통해서 배우게 된다.

뿐만 아니라 아이들은 강자인 어른들로부터 직접 당했던 것을 약자에게 그대로 표출하며 강자로서 자신을 힘을 과시하고자 한다. 자신을 화나게 했던 사람들에 대한 공격심을 마음속에 쌓아두었다가 자기보다 나이가 어리거나 힘이 없는 아이, 약한 동물이나, 늘 온정적으로 대하는 할머니나 어머니에게 공격적 행동으로 발산한다.

(5) 가족문제로 인한 불만

가정 내의 불화, 부모의 이혼, 경제적 빈곤 등 아동을 둘러싼 가정의 심리적, 물리적 환경이 만족스럽지 못해서 그로 인한 불만이 공격적 행동으로 표출되는 경우가 있다. 예를 들어 부부관계의 갈등이 심하고 그러한 갈등에 자녀가 노출되면 자녀는 자연스럽게 불안과 공포를 경험하게 되는데 이때 지나치게 위축되거나 폭력적인 성인으로 성장할 수도 있다.

폭력 청소년 가정을 살펴보면 대다수 열악한 환경에 처해 있거나 부모가 자녀에 대한 이해가 부족하여 자녀와 정서적 유대관계가 약한 경우가 많다. 자녀의 폭력적인 행동을 줄이고 성숙한 모습을 기대하기 위해서는 부모가 자녀와 상호작용에 있어 적절한 정서적 관계가 이루어져야만 한다.

2) 교육환경

(1) 또래관계로부터의 학습: '악의 궁전'

아동들은 또래관계에서 공격행동의 유발자가 되기도 하고, 강화자, 지지자의 역할, 공격행동의 희생자가 되기도 한다. 공격성은 집단 상호작용의 한 유형으로 아동들은 또래 집단 내에서 위의 여러 가지 역할들을 공유하며 '악의 궁전'을 만들기도 한다.

초등학교 고학년과 중고등학생들의 경우, 집단 괴롭힘 피해경험이 많을수록 가해행동을 할 확률이 높다는 연구결과들이 나왔다. 일반적으로 또래로부터 괴롭힘을 당한 학생들은 피해자로서의 직접적인 경험을 통해 가해행동을 학습하게 된다. 그들은 이 과정에서 두려움과 보복심의 감정을 느끼게 되고 이 감정은 가해행동을 유발하게 된다.

즉, 괴롭힘을 당한 당사자들은 피해경험으로 인한 두려움이 커 다른 괴롭힘 상황에서 가해행동에 동조하지 않으면 자신이 괴롭힘을 당할 수 있다는 생각에 가해행동에 동참하게 된다. 반면 보복심은 자신보다 강한 상대로부터 당한 감정이 분노로 남아 나약한 상대에게 가해함으로써 보상받으려 하는 심리가 작용한다.

다수의 연구들은 학교폭력의 경우 피해 청소년이나 목격 청소년이 가해자가 될 가능성이 높음을 보고해왔는데 이는 청소년 시기에 또래 집단에 속하고자 하는 높은 동조성향뿐 아니라 공격적인 행동이 타인의 공격으로부터 자신을 방어하게 해준다는 생각 때문일 수도 있다.

(2) 교사와의 관계

아동이 교육기관에 머무는 시간이 길어지면서 교사의 영향을 간과할 수가 없게 되었다. 교사의 지배적인 태도는 아동에게 명령을 많이 하고 폭력을 사용하는 형태로 나타날 수 있어 아동의 욕구불만을 조장하여 반항적이고 적대적인 행동을 일으킬 가능성이 많다.

또한 아동에게 명령과 벌을 사용하는 교사의 태도는 아동의 욕구 좌절로 인한 공격성을 강화시키고 아동에 대한 이해와 민감성이 부족하여 공격성이 더욱 강화된다.

Jarolimek와 Foster(1989)는 교사에 의해 형성되는 학급분위기가 강권적이면 아동들은 서로 간에 공격적 태도를 취하거나 심각한 부적응 행동을 보인다고 하였다. 그러나 교사의 지지가 높은 학급에서는 구성원 간에 친애 친밀감이 높고 이로 인해 교실 내 공격행동이나 폭력 발생률이 낮다(한상순, 1997).

3. 사회문화적인 요인

1) 대중매체로부터의 영향

뉴스, 영화, 드라마, 광고, 인터넷, 온라인게임 등 아동이 쉽게 접할 수 있는 다양한 대중매체는 아동의 분별력을 넘어서는 수위의 공격적 행동이나 메시지를 전달한다. 아동들은 이를 통해 직접적 간접적으로 공격적 행동을 학습하게 되고 또래관계나 부모에게 행하게 된다.

이러한 아동의 행동을 보거나 직접 피해 경험을 한 아동은 이를 또다시 다른 또래에게 행하여 파급효과를 일으킨다. 또한 공격적이고 파괴적인 온라인게임은 아동과 청소년의 무절제한 공격성을 부추기는 요인이기도 하다.

2) 구속적인 생활환경과 스트레스

아동들이 일상생활에서 지나친 학습활동이나 과제로 아이로서의 당연한 활동을 저지받고, 아파트나 학교, 학원에서 장기간 생활하는 경우가 늘고 있다.

자연스레 움직이고자 하는 욕구를 충족할 수 없게 되며, 무엇인가 창조적인 것을 행하고자 하나 그러한 욕구들이 제지당하거나 억압당하게 되면서 아동들은 자신의 에너지를 제대로 뿜어내지 못하고 방해를 받는다. 이러한 역동적인 충동들을 사회환경적인 원인으로 억누르게 되고 이는 후에 다른 곳에서 공격적인 행동으로 폭발하게 된다.

3) 외부환경과의 단절-양극병

장기간 작은 배에 갇혀 있던 선원들에게서 나타나는 공격성의 한 형태로, 몇 개월간 외부세계와 접촉이 두절되거나 상호교류가 원활하지 못했을 때 나타나는 공격성이다.

아동들의 경우 장기간 병원 입원이나 학대로 인한 감금, 부모의 우울로 인해 좁은 공간에서 외부세계와 단절되었던 경험을 한 것이 원인이 되어, 사소한 일로 인해 강렬한 공격성을 드러내는 행동을 보인다. 오랫동안 좁은 울안에 갇혀 있는 짐승들에서도 같은 양상이 나타난다.

4) 사회적 희생자: 기본적 욕구의 좌절

현대사회의 아동들은 자신의 본성을 충족할 수 있는 기본적인 욕구충족이 어려운 사회문화적 배경에 처해 있다.

부모의 경쟁적 직업 환경으로 인한 늦은 귀가나 주말 근무 등 온전한 가정의 심리적 환경의 부재, 많은 학업 스트레스로 인한 놀이와 휴식에 대한 욕구의 좌절, 자극적인 매스컴과 위험한 거주환경으로 인한 안전에 대한 위협 등 생활 전반에 걸쳐 기본적 욕구의 좌절을 경험하고 있다. 이러한 사회적 문제로 인해 기본욕구가 좌절되고 그러한 경험의 축적은 결국 공격성을 유발하는 원인이 되기도 한다.

5) 열악한 주위환경과 폭력에의 노출

주변 환경이 열악한 아동과 청소년은 고위험의 폭력에 노출되어 있다. 지역사회 내에서 폭력에 일상적으로 노출되어 있는 아동과 청소년들은 그렇지 않은 또래에 비해 더 폭력적임이 알려졌다(Schwartz & Proctor, 2000). 파괴적이고 반사회적 행동문제는 아동이 거주하고 또 아동이 다니는 학교 지역 환경과도 관계가 있다.

열악한 주위환경은 심각하고 폭력적인 행동을 초래하며 조기 발병 반사회성 장애를 일으킨다. 다시 말해 좋은 이웃과 환경이 아동과 가족의 건강한 사회적 관계 발달의 매우 중요한 요인이 된다는 것이다.

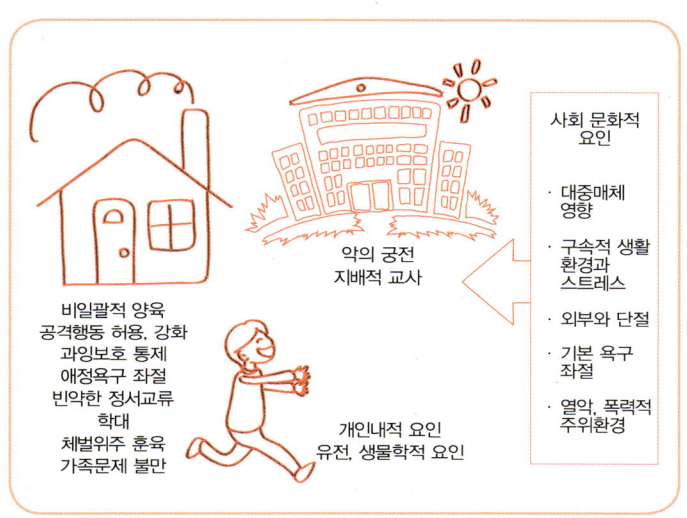

비일괄적 양육
공격행동 허용, 강화
과잉보호 통제
애정욕구 좌절
빈약한 정서교류
학대
체벌위주 훈육
가족문제 불만

악의 궁전
지배적 교사

개인내적 요인
유전, 생물학적 요인

사회 문화적
요인

· 대중매체
  영향

· 구속적 생활
  환경과
  스트레스

· 외부와 단절

· 기본 욕구
  좌절

· 열악, 폭력적
  주위환경

공격성의 원인

PART 03

해법 찾기!
공격적 아동을 돕는
개입과 치료

이 PART는 아동의 공격성 문제를 어떻게 전문적으로 도와줄 것인가에 대해 살펴보고자 한다. 아이가 치료적 접근이 필요할 정도로 높은 수위의 공격행동을 보인다면 먼저 소아정신과나 아동전문상담센터에 전화하여 접수상담에 대해 안내를 받는다. 그리고 직접 기관에 내원하여 문제 원인과 아동 특성에 맞는 적절한 치료적 접근을 선택해야 한다.

저희 아이는 올해 학교에 입학한 남자아이입니다. 학교에 입학하기 전에는 그나마 말도 잘 듣고 유치원도 잘 다녔는데 입학하고 한 달쯤 지나고 나서부터 문제가 생기기 시작했습니다. 집에서 엄마인 제게 엄청나게 폭력적으로 행동한다는 겁니다. 저녁에 아빠가 오면 좀 낫지만 학교 마치고 집에 들어오는 순간부터 화를 내고, 물건을 발로 차고, 소리를 지르고 숙제하던 책을 던지기도 합니다. 처음엔 아빠의 힘을 빌려 협박도 하고 혼도 내보았지만 이제는 그것도 소용이 없고 저희 부부의 능력을 넘어서는 때가 온 것 같아요. 제 가까운 주변사람들 중에는 상담을 받아본 사람이 없고 그렇다고 친하지도 않은 사람에게 아이 문제를 털어놓기도 어려워 밤마다 인터넷만 전전하네요. 하지만 기관마다 안내가 다르고 이러다 시간만 지나고 정말 답답한 심정입니다. 우리 아이에게 적합한 치료방법이 무엇이 있을까요? 어디서 어떻게 도움을 받을지, 어떤 치료적인 도움이 가능한지에 대해 알고 싶어요!!!

Ⅰ. 전문적 도움 추구 과정

    우선적으로 아이의 공격적 행동이 신경생리학적 문제일 가능성이 있어 의학적 조치가 필요한 경우나 공격행동의 수위가 높아서 정상적인 생활에 어려움이 있을 정도라면 병원을 방문하여 약물치료를 병행할 것을 권한다. 종합병원이나 소아정신과에서 심리치료와 약물치료를 병행하는 경우도 있고, 약물을 따로 처방받아 복용하며 전문 상담센터에서 심리치료적 도움을 받는 방법도 선택할 수 있다.

    양육방법상의 문제나 스트레스 사건, 조절의 문제, 사회화의 문제 등 심리행동과 관련된 사항인 경우라면 아동상담센터에서 적절한 도움을 받을 수 있다. 이런 경우 치료자의 안내에 따라 문제 원인별로 개별심리 치료, 언어치료 또는 인지치료, 사회성 집단상담, 부모교육 등의 접근법을 연계 하여 진행될 수 있다.

    아동의 공격행동의 원인이 심리적 문제에 있고 정서적 문제나 행동조절의 문제라면 정서치료에 효과가 높은 개별 놀이치료와 모래놀이치료, 게임 놀이치료, 미술치료 등 아동의 언어표현을 보완해주는 매체를 활용한 치료적 접근을 선택하는 방법을 권한다.

    아동의 공격행동 기저에 숨어 있는 심리적 원인을 제거하여 치료관계에서 풀어내고 행동을 개선할 수 있도록 하는 치료적 접근이 필요하다. 아동의 언어발달의 문제나 인지적 발달의 불균형이 원인이 된다면 언어치료와 인지치료적인 접근도 필요하다.

다음으로 만약 아이가 사회적 기술의 부족으로 공격성을 드러낸다면 사회성 기술 프로그램에 참여하는 방법도 있다. 특히 또래관계에서의 관계적 공격성이 주문제가 된다면 개별심리치료를 우선적으로 하여 내면의 분노와 정서를 다루고 신뢰성 회복을 위한 대인관계 프로그램의 연계가 후행되는 것이 적절하다. 이들은 관계를 통해 얻은 심리적 상처로 인해 친구관계에서 누구도 믿지 못하겠다는 불신감을 갖고 있으므로 관계촉진의 사회성 기술 프로그램만으로는 근본적인 해결을 기대할 수 없다.

즉 기존의 사회성 기술 프로그램에 더해 사과와 용서, 위로의 행위와 같은 신뢰성 회복을 통해 치료자와 관계 형성을 촉진하는 안전한 소집단 활동에서 1차적으로 대인관계를 경험하고 시도해보는 과정이 필요하다. 그 외에도 위에서 소개한 아동의 개별치료적 접근이 잘 진행이 되어 심리적 발달적 문제가 완화되었다면 구체적인 문제해결을 위한 '집단 치료적인 접근'이나 아동이 관계에서 자신감과 유능감을 회복하도록 훈련받을 수 있는 또래관계 개선 프로그램에 참여할 것을 권한다.

다음으로 부모자녀관계로 인한 공격성의 문제를 가진 아이라면 개별 심리치료적 접근과 부모상담 및 부모교육을 병행하는 것이 바람직하다. 개별심리치료에서 부모교육과 상담을 통해 부모의 심리적 문제를 다루고 아동의 공격성을 완화하고 통제하는 방법을 배우는 것이 필요하다. 지금까지 해왔던 신체적 처벌을 언어적 규제로 대처하고, 아동의 비공격적 행동을 구분하여 강화하거나, 위협이나 지시 등의 부정적 언어적 표현을 긍정적 표현으로 바꾸기 등이 부모상담과 교육에서 다루어야 할 내용에 포함된다.

부가적으로 아동의 공격성 문제는 가정과 학교, 또래집단 등 아동을 둘러싼

생태체계와의 긴밀한 협력이 필요한 경우가 많다. 공격행동을 가한 아동이나 청소년과 피해를 당한 입장 사이에서 여러 가지 문제를 불러일으킬 수 있다는 점을 고려하여 가정과 학교, 또래집단, 학원, 교회 등의 여러 생태 체계가 서로 함께 긴밀히 관계를 유지하며 개입해야 한다.

무엇보다 중요한 것은 아동의 문제에 대해 교사와 부모의 관점을 재정립하고 다음으로 전문기관이나 전문가를 탐색하는 과정을 거치는 것이다. 전문기관 의뢰 후 아동 행동의 변화를 관찰하고 상호 협력하여 진행하는 과정이 필요하다.

아래에서는 아동의 공격행동 문제를 돕기 위해 전문적 도움을 받을 시 진행되는 과정에 대해 전화접수 단계부터 집단상담 연계까지의 내용들에 대해 소개하고자 한다. 처음 병원이나 상담센터를 찾았을 때 경험하게 되는 일들과 문제행동의 원인, 심각성 정도에 대해 구체적으로 파악하기 위한 심리검사과정에 대해 소개한다. 그리고 적절한 개별 및 집단 심리치료적 접근을 선택하여 진행하며 어떻게 치료적 접근을 이해하고 협력해갈 것인가에 대한 구체적인 내용으로 엮어가고자 한다.

1. 1단계 - 전화접수하기

아동의 문제를 전문기관에서 도움을 받고자 결정하였다면 주변에서 이미 상담을 경험한 부모나 인터넷, 다른 지인들을 통해 기관에 대한 정보를 알아보고 전화접수를 먼저 한다.

초기 전화접수상담 시 부모는 기관에 전화나 이메일로 접촉하여 아동의 연령과 아동이 겪고 있는 현재의 어려움을 말한다. 이 전화 접수상담은 구체적인 문제를 상담하는 시간이 아니라 첫 면담을 약속하기 위한 최소한의 정보를 주고 시간 약속을 하는 것이 목적이다. 그리고 선택한 기관에 대해 몇 가지 중요한 사항을 질문하고 정확한 접수상담 날짜와 요일, 시간을 정한다.

아동과 청소년에게 상담센터에 오도록 설명하는 방법은 여러 가지가 있겠으나 가장 적절한 설명이란 솔직하게 이야기하는 것이다. 부모는 아동에게 분명하고 직접적인 문제 상황을 밝히고 이를 해결하기 위해 외부 도움을 구하기로 결정한 사실을 밝히는 것이 이후 상담과정에 효과적이다.

전화접수 시 기관에 대해 알아볼 내용들

상담기관에서 실시하고 있는 상담방법
기관의 위치
행정적인 절차(예약방법)
심리검사 및 상담비용
심리검사 종류
치료자에 대한 정보

어떻게 아이에게 설명하고 치료기관으로 데리고 올 것인가?

"○○가 요즘 학교에서 친구들을 때린 일로 선생님한테 자꾸 혼나게 되고, 그래서 속상해할 때가 많은 것 같아. 엄마도 그런 네가 걱정되고 속도 상한데 널 어떻게 도와줘야 할지는 잘 모르겠어. 그런데 이런 너의 어려움을 도와줄 수도 있고, 엄마가 널 어떻게 도와주어야 할지에 대해서도 알려주는 곳이 있대. 우리 한번 같이 가서 도움을 받아보자."

2. 2단계 – 방문접수 면접하기

전화로 접수한 후, 또는 직접 기관을 내방하여 아동의 문제해결을 위한 전문적 도움을 받는 단계에서는 다음과 같은 내용이 포함된다. 기관에서 만난 접수상담자의 따뜻하고 민감한 태도는 부모가 자신의 어려움을 더 쉽게 이야기하고 협력하는 데 밑거름이 된다. 전문가에 대한 부모의 신뢰로운 태도는 자신뿐만 아니라 아동이나 청소년의 상담진행에서도 중요한 역할을 한다. 아래는 접수상담 시 다루어지는 내용과 절차이다.

1) 여러 가지 정보 제공

상담소에서 이메일이나 팩스로 접수 면접지를 먼저 받거나, 약속시간보다 먼저 내원하여 아동의 문제의 수준이나 원인을 찾아내는 데 필요한 정보를 나누는 과정을 거치게 된다. 아동의 인적사항, 주 호소내용, 아동의 생육사, 가족관계 등 아동의 공격행동에 직간접적으로 영향을 미칠 수 있는 과거와 현재, 개인과 가족에 대한 다양한 정보를 제공하여 치료자가 아동 문제의 특성과 원인을 면밀히 탐색할 수 있도록 돕는다.

2) 아동의 공격행동의 원인 찾기

접수상담 과정 중에 수집한 관련정보를 통해 부부관계, 부모자녀관계와 부모의 심리내적 갈등, 아동의 심리내적 갈등, 아동의 성격적 왜곡과 문제, 양육 환경의 문제, 방어기제 등에 대해 치료자와 내용을 나누고 아동 문제행동의 원인에 대해 가설을 설정한다. 그러나 어디까지나 1시간~1시간 30분 접수 상담이라는 점의 한계를 인정해야 한다.

3) 대략적 치료계획 설명하기

치료자로부터 기관에서 제공하는 치료적 접근에 대해 설명을 듣고 아동의 연령, 성향, 치료동기 등을 고려하여 공격행동 문제를 해결하는 데 가장 적합한 치료방법을 선택해야 한다. 놀이치료, 모래놀이치료, 미술치료, 발달놀이치료, 언어치료, 학습치료, TA, 집단 사회성 치료, 짝치료, 집중력훈련, 자기조절훈련 등 다양한 치료적 접근에 대해 부모도 인터넷이나 책을 통해 공부하고 치료자와 적극적인 태도로 치료과정을 상의해 가야 한다. 상담 기관에서 추천하는 치료적 접근을 성실하게 참여하면서 약물치료나 다른 치료방법이 최우선적으로 처치되어야 할 경우 다른 기관과의 연계도 수용하며 협력해야한다. 접수상담 후 아동에 대해 보다 세밀한 부분의 집중적 이해가 필요하거나 아동의 심리평가가 필요한 경우 심리검사 계획에 대해 안내를 받는다.

4) 치료자와 치료요일 배정

아동의 문제에 대한 원인과 치료적 접근, 계획이 세워지고, 적합한 치료자를 안내받게 되면 데스크에서 아동의 일상스케줄을 고려하여 원하는 요일과 시간에 대해 합의하는 과정을 거친다. 이때 부모가 원하는 요일과 시간, 치료전략에 대해 신중히 선택한 후 향후 선택에 따르는 책임감 있는 행동으로 꾸준히 아동치료에 임해야 한다. 치료 요일과 시간을 변경하거나 치료를 시작하고 1~2회기 진행한 후 기관을 바꾸는 등의 행동은 아동의 치료동기를 낮추고 치료과정에 대한 혼란과 퇴행을 일으켜 행동변화를 더디게 한다.

3. 3단계 - 심리검사

1) 공격아동 심리검사의 내용

심리검사란 다양한 도구들을 이용하여 개인의 성격, 지능, 적성과 같은 다양한 심리적인 특성들을 파악하고, 이를 양적·질적으로 평가하는 일련의 절차를 말한다. 심리검사를 통해 얻은 정보는 내담자를 진단(diagnosis) 또는 예언(prediction)할 수 있도록 하고, 잠재력(potentiality)을 측정하게 하여 효과적인 상담 절차를 계획하는 데 도움을 준다.

심리검사는 상담 장면에서 주로 초기에 실시된다. 초기에 실시된 심리검사는 상담 기간이 상당히 진행된 후에야 얻을 수 있는 자료를 미리 파악할 수 있게 해주며, 면접만으로는 드러나기 어려운 내담자의 내면적인 욕구나 충동, 방어들의 위계적 배열 또한 파악하게 해주므로 시간을 효율적으로 사용할 수 있도록 도와준다. 또한 상담 시기, 상담 방법, 상담자 선정 등에 가이드라인을 제공해줄 수 있다.

심리검사가 상담의 중기나 후기에 시행되기도 하는데, 이 경우는 상담 과정에서 특정한 문제에 대한 보다 객관적인 원인 파악이 필요하거나 그간의 상담 과정을 통해 얻은 자료들을 통합하여 내담자에 대한 통찰적 이해를 얻고자 할 때이다. 또한 상담 효과를 측정하거나 예후를 유추할 때 역시 중기나 후기에 실시되기도 한다.

심리검사는 크게 객관적인 검사(objective test)와 투사적 검사(projective test)로 구분할 수 있다. 객관적 검사는 도구의 과제가 구조화되어 있고 채점 과정이 표준화되어 있으며 해석의 규준이 제시되어 있는 검사를 말한다. 객관적 검사의 목적은 개인의 독특성을 측정하기보다는 개인마다 공통적으로 지니고 있는 특성이나 차원을 기준으로 하여 개인들을 상대적으로 비교하는 데 있다. 공격 아동 청소년들을 위한 대표적인 검사로는 WISK, WAIS와 같은 웩슬러지능검사(Wechsler Intelligence Scale)와 MMPI(Minnesota Multiphasic Personality Inventory), CBCL 등이 있다.

투사적 검사는 검사 과제가 비구조화되어 있고, 개인의 독특성을 측정해내는 데 목적을 둔다. 모호한 검사 자극일수록 인지적으로 해석하는 데 있어 개인마다 독특한 반응을 보인다. 그리고 이러한 반응은 피검자가 갖고 이는 욕구, 갈등, 성격의 영향으로 나타난다고 전제한다. 대표적인 투사적 검사에는 Rorschach 검사, TAT(Thematic Apperception Test), HTP(House, Tree, Person) SCT(Sentence Completion Test) 등이 있다.

2) 공격아동의 치료에서 심리검사 활용의 필요성

(1) 심리검사의 필요성

상담이나 심리치료는 여러 수준에서 이루어지고 있는 대단히 복잡한 활동이다. 따라서 검사의 활용은 상담이 어느 수준에서 이루어지느냐에 따라서 상당히 다른 모습을 지니게 된다. 아동과 청소년 내담자가 보이고 있는 공격적인 행동의 개인적 원인을 찾아 '원인 → 결과'의 고리를 찾아내는 수준에서 이루어질 수도 있으며, 어떠한 환경의 영향에 의해 문제 행동이 결정되어지는 것인지를 고려하는 차원에서 검사를 활용하게 될 수도 있다.

또한 내담 아동과 청소년을 합리적인 존재로 가정하고, 그들의 인지적 수준에 관심을 두어 신념, 가치관, 인지 양식 등과 같은 인지적 특성을 측정하거나 평가하여 공격적 행동의 원인을 찾고자 하는 수준으로 심리검사가 이루어질 수도 있다. 또 내담자의 무의식적 영역에 치중하여 무의식적 동기를 드러내고 그 의미를 파악하여 공격적 행동의 원인을 찾고 해석하는 것에 심리검사를 치중하게 될 수도 있다.

일반적으로 검사는 아동과 청소년의 공격적 행동을 일으키는 내면적 특성이나 환경의 특성을 객관적으로 수량화하는 것에 목적이 있으므로, 심리검사 결과는 내담 아동과 청소년의 내면세계를 현실에 비추어 이해하는 데 기준이 될 수 있으며, 이를 통해 현실 세계와 좀 더 밀착된 상담 성과를 거두어 나가도록 돕는 데 기여할 수 있다.

(2) 검사 battery의 활용

아동과 청소년의 행동문제의 원인과 수준을 찾기 위해 복잡하고 다양한 그들의 내면세계를 하나의 검사로 완벽하게 알아보기란 현실적으로 어려운 일이다. 어떤 검사도 모든 영역을 다룰 수 있을 만큼 완벽할 수 없으므로 하나의 검사만을 가지고 내담자의 심리적·행동적 문제를 올바르게 측정할 수 없다. 그러므로 검사는 battery로 실시되어야 한다.

검사 battery란 개별적인 검사들을 모아 구성하여 모둠으로 실시하는 것을 의미하는데, 이때 각 검사들은 각기 다른 특정한 심리 기능을 측정하는 것으로 묶는 것이 좋다. 예를 들어 wechsler 검사로 지능 수준을, MMPI로 정신병리 측면을, Rorschach검사로 내면적 욕구나 환상을, TAT나 KFD로 대인관계 역동을 살펴볼 수 있도록 battery를 구성할 수 있다.

이 외에 CBCL의 하위척도 중 공격성 척도, 청소년의 경우 비행척도를 활용해 구체적인 공격행동의 수준과 양상을 추가할 수 있다. 이렇게 하여 얻어진 결과들은 각 결과별로 세워진 가설들을 교차 검증할 수 있는 자료가 되고, 내담자의 내면상태에 대한 보다 전체적이고 구체적인 해석이 가능하도록 한다.

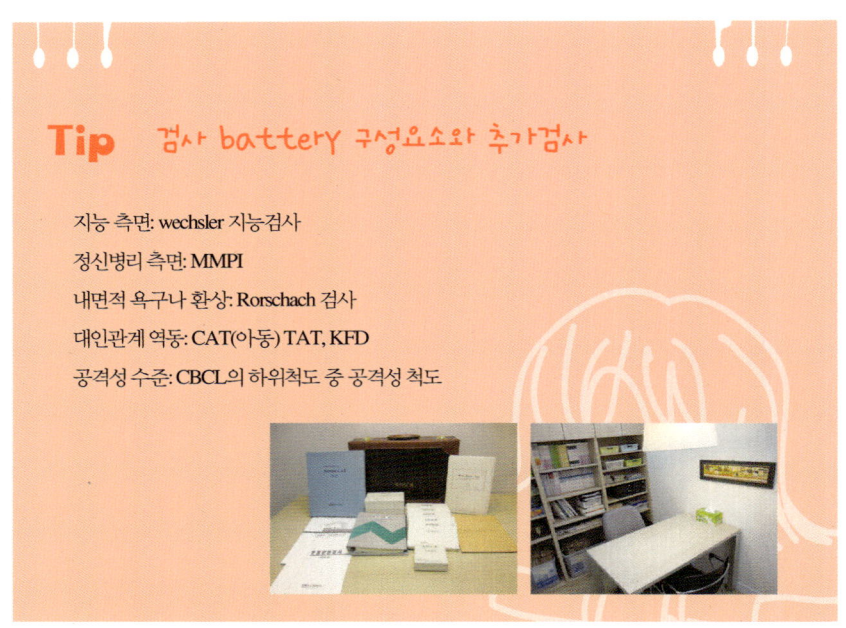

Tip 검사 battery 구성요소와 추가검사

지능 측면: wechsler 지능검사
정신병리 측면: MMPI
내면적 욕구나 환상: Rorschach 검사
대인관계 역동: CAT(아동) TAT, KFD
공격성 수준: CBCL의 하위척도 중 공격성 척도

(3) 검사상 공격아동의 특징

공격아동들은 사람 그림에서 주먹을 불끈 쥐고 있거나 화가 난 사람을 그리거나 사람의 상태를 설명할 때도 '화났어요. 열 받았어요. 폭발할 것 같아요, 못생겼어요. 짜증나는 사람이에요' 등 적대적·공격적으로 표현하곤 한다. 이들은 그려놓은 그림 위에 연필로 심하게 덧칠을 하여 자신의 화난 감정이나 적대적인 감정을 표현하기도 한다. 아동들이 사람 그림에서 부정적 연상을 보이는 경우 대부분 내면에 갈등과 불만감, 분노감이 누적되어 있고 이를 실제 생활에서 공격적 행동으로 표현한다고 볼 수 있다.

충동조절의 어려움으로 공격행동을 하는 아동의 경우, 투사검사인 로샤 검사에서 반응시간이 짧고 즉각적이며 특히 색채카드에서 통제되지 않은 반응을 보인다. 피가 튀는 것, 화산의 폭발, 로켓발사와 같은 즉각적이고 충동적인 반응을 많이 한다. 이들은 감정이입이나 공감능력의 부족으로 인간 또는 인간운동반응이 적고 동물반응이 전반적으로 많이 나타나는 특징을 보이는데 이는 본능적 충동의 우세를 보여주는 것이다(염숙경, 2008).

공격행동의 원인 중 개인 내적 원인으로 인지발달의 문제에 대해 위에서 언급한 바 있다. 아동의 인지검사에서도 공격적 행동의 특징을 찾아볼 수 있다. 공격행동을 하는 아동들은 자신의 행동이나 사고를 내면화하는 능력이 부족하므로 생각을 많이 해야 하는 언어성 검사에서 낮은 점수를 받고 행동화하는 경향이 우세한 동작성 검사에서는 상대적으로 높은 점수를 나타내는 경향이 있다. 또한 사회적 맥락에서 이해가 부족하고 이에 대한 문제해결력이 낮아 이와 관련된 문제에서 낮은 점수를 보인다.

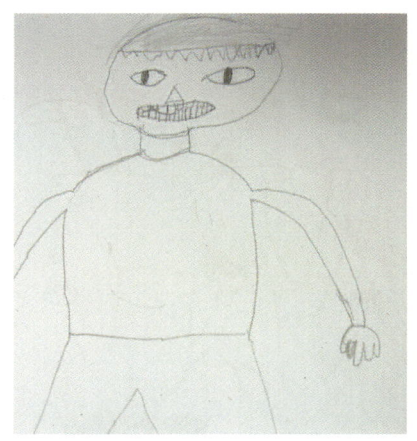

공격성 문제를 가진 12세 내담자의 사람(Person) 그림

4. 4단계 – 치료적 접근 알기

어제 아이의 문제로 상담기관을 다녀왔습니다. 치료사 선생님이 1시간 남짓 아이의 문제를 보시고 대략적인 원인과 치료계획을 설명해 주셨지만, 아직도 무엇이 어떻게 진행되는지 감이 잡히질 않습니다. 먼저 개별 놀이치료를 진행하고, 나중에 사회성 집단으로 연결하자는 설명을 들었지만 보다 구체적으로 어떻게 진행되고 치료과정이 어떻게 아이행동에 도움이 되는지 알고 싶어요. 또 부모교육과 상담도 하게 된다고 하셨는데, 제가 무엇을 하게 되고 무엇을 준비해야 할지 걱정 반 부담 반입니다. 알려주세요!

대개 어머니들이 접수 상담을 마치고 나면 많은 고민을 한다. 접수상담 시간에 물어볼 말들을 빠뜨린 것도 아쉽고, 접수자의 말을 다 기억하기도 어렵고, 기억한 내용들에 대해서도 몇 번씩 곱씹기를 한다. 가끔은 접수한 날 밤이나 다음날 아침에 상담 시작을 보류하기도 한다.

본 장에서는 전문적 도움을 받기로 결정하였다면 어떠한 방법적 접근이 있는지에 대해 살펴보고자 한다. 여기서는 아이에게 맞는 상담치료를 찾는 과정, 상담치료가 필요한 이유를 소개하고, 몇몇 접근법과 과정, 특성을 소개할 것이다. 공격성이 주 호소문제인 어린 아동들의 경우, 이완치료 중심의 놀이치료와 모래놀이치료를 통해 내면의 적개심이나 공격성을 긍정적, 건설적으로 표출할 수 있도록 돕고, 게임놀이치료와 문제해결적 접근을 통해 분노나 화를 표출하고, 자신의 충동과 행동을 조절하는 연습과 훈련을 하게 된다. 관계적 공격성의 문제를 지녔거나 공격성으로 또래관계에서 실패와 좌절을 경험했던 아동들의 경우, 개인상담의 말기에 즈음하여 소집단 사회성 기술 훈련 혹은 인지행동치료 등을 통해 타인의 의도 파악이나 적절한 대처방법, 친사회적 행동 등을 경험하고 사회적 유능감을 얻을 수 있다.

1) 치료적 접근 I - 놀이치료

놀이치료는 아이들이 언어가 충분히 발달되지 않은 특성과 언어보다는 놀이활동을 통해 자신의 세계를 드러내고 의사소통을 한다는 점에서 유용한 접근이다. 아이들은 놀이를 통해 자신을 새롭게 발견하고 보다 깊은 내적 세계로 들어가며 자신의 치유능력을 활성화시킬 수 있다. 놀이치료는 아동이 공격적인 감정들을 효과적으로 방출하게 도와주어 밖에서는 아동의 행동들이 개선되고 가족이나 또래와의 관계를 회복하게 된다.

공격적인 아이들의 놀이치료는 주로 이완치료적 방법으로 많이 접근한다. 아동의 공격적 행동 뒤에 숨어 있는 욕구와 감정을 민감하게 이해하고 수용해주면서 안전한 치료적 관계 안에서 표현할 수 있도록 허락하면 아동은 자신에게 유익한 좋은 행동에 대해 관심과 욕구를 드러내기 시작한다. 또한 아동은 치료실 안에서 놀잇감을 통해 공격성과 충동성을 드러내고 이에 따라 시간이 지나면서 자아가 강화되고 점점 자신의 감정과 행동을 조절할 수 있는 아이로 성장한다.

(1) 공격적 아동을 위한 놀이치료적 요소

① 폭넓은 감정 표현을 가능하게 하는 놀이

사람의 감정은 매우 다양하다. 분노와 좌절에서부터 기쁨과 희망에 이르기까지 개인이 느끼는 감정의 종류와 깊이는 모두 다르다. 아동들이 방어나 두려움 없이 이러한 다양한 감정들을 안전하게 표현할 수 있어야 효과적인 놀잇감이 될 수 있다. 특히 분노감이나 두려움 등을 표현할 때 아동은 더 어려워하고 죄책감을 느낄 수 있으므로 안전하고 편안하게 자신의 감정을 표현하도록 도와줄 필요가 있다.

손인형과 같은 놀잇감은 아동이 자신의 감정이라고 직접적으로 드러내지 않고 인형을 통해 자신의 이야기를 할 수 있어 다양한 감정을 표현하는 데 도움이 된다.

② 부정적 감정표출

공격적인 아동과의 놀이치료에서 치료자는 인간의 감정 표현을 확장할 수 있는 적절하고 다양한 놀이환경을 제공하고 마음속에 억압되어 있는 부정적 감정들을 표출할 수 있도록 도와야 한다. 치료실 안에서 아이들은 총, 전쟁 놀잇감, 야생동물, 실생활 인형, 차 등 다양한 놀잇감으로 공격성을 표현하지만 타인을 다치게 하지 않고 안전하고 자유롭게 자신의 감정과 욕구를 표출하게 된다. 이런 과정은 아동이 긴장을 해소하고 카타르시스를 경험하게 하여 치료적 효과를 일으킨다.

③ 신체를 이용한 이완과 해소

치료 초기에 소근육과 대근육 운동과 같이 신체를 이용하는 놀이도 도움이 되는데, 활발히 자유롭게 움직이는 기회를 주어 부정적인 정서를 해소할 수 있는 기회를 가지게 된다. 이를 통해 스트레스 경험과 상처받았던 사건들을 다루고 점차 극복하며 억압된 감정을 해소할 수 있다. 그러나 치료초기의 이러한 놀이는 점차 구조화되고 규칙이 내포된 놀이로 전환되어야 하며 이를 통해 아동들은 욕구와 행동을 조절하고 대처하는 방법을 배우게 된다.

④ 치료관계에서 애정욕구 충족

놀이치료에서 아동은 무엇보다 치료자와의 신뢰 있는 관계 경험을 통해 공격적 행동 아래에 숨어 있는 불안감이나 상처를 치유하게 되고, 대상에 대한 교정적 경험을 함으로써 친구나 부모를 포함한 대인관계를 재형성하게 된다. 특히 라포 형성이 잘된 치료자와의 신체접촉을 이용한 놀이는 치료자와의 애착관계를 도우며 내면 깊숙이 감춰진 좌절된 애정욕구가 해소되어 악의 뿌리를 없애는 데 도움이 된다.

⑤ 제한점에 대한 현실 검증이 가능한 놀이

치료에 있어서 제한은 현실세계와 연결시켜 아동이 현실적 관계에서 자신의 책임을 인식할 수 있도록 한다. 특히 제한점을 검증해볼 수 있는 놀잇감은 아동과 치료자의 관계에서 아동이 지켜야 할 한계가 어디인지를 알려 주는 계기가 된다. 예를 들어 다트 던지기는 아동의 공격성을 표출하게 하고 허용되는 것과 허용되지 않는 한계를 검증해볼 수 있는 기회를 제공하는 놀잇감이다. 이런 과정을 통해 아동은 자신의 감정은 자유롭게 표현하지만 '할 수 있는 행동'과 '해서는 안 되는 행동'의 한계를 검증하게 된다.

⑥ 자기 통제력의 발달을 돕는 놀이

자기 통제력의 발달은 아동이 성인의 지도나 개입 없이도 아동 스스로 선택하고 결정할 수 있는 책임감에서 이루어지게 된다. 모래는 자아통제력을 발달시킬 뿐만 아니라 제한을 지켜야 하는 기회를 제공하기 때문에 감정 표현과 자기 통제를 동시에 해야 하는 탁월한 매체가 된다.

⑦ 적절한 한계설정(ACT)

공격적인 아동과의 놀이치료에서 아동이 치료자에게 직접 공격성을 표현하거나 치료실 내에서 수용될 수 없는 파괴적인 행동을 할 때 제한 설정 단계(ACT)를 적용하게 된다. 아동의 공격행동 후, 치료자는 아동의 욕구를 인정하고 수용하고, 단호하고 분명한 태도로 제한 내용을 전달하며 수용 가능한 대안행동을 제시하는 단계를 거친다. 이 치료적 기술은 모든 치료자들이 어려워하는 것으로 특히 공격적인 아동과의 치료에서 가장 필요로 한다. 아동의 공격행동이 직접 치료자를 향하게 될 때 치료자가 아동의 행동을 치료자의 개인적인 것으로 받아들여 부정적 감정이 일어나 문제를 객관화하는 데 어려움을 겪는다.

> ### 공격아동을 위한 ACT 단계
>
> A(Acknowledge): 아동의 감정과 바람, 원망을 인정하라
> C(Communicate): 제한을 전달하라
> T(Target behavior): 수용 가능한 대안을 목표로 설정하라

(2) 아동중심 놀이치료

놀이치료의 다양한 이론적 접근 중 아동중심놀이치료는 특히 공격아동의 정서적 문제를 해결하고 행동을 수정하는 데 많이 사용되는 접근이다. 치료자는 비지시적이며 개입을 최소로 줄인 상태에서 아동이 자유롭게 자신의 부정적 정서를 표현할 수 있도록 돕는다. 치료자는 관용적이고 허용적이며 지지적이어야 한다. 즉, 아동들은 놀이방이라는 수용적 환경에서 치료자와의 안정된 관계를 통해 공격성을 발산할 기회를 가지고 공격적인 에너지를 자기 성장에 필요한 건강한 에너지로 전환하게 된다.

그러나 치료실에서 나타나는 공격적이고 충동적인 행동에 대해서는 안전한 치료관계를 위해 '제한설정(Limit setting)' 방법을 이용해 도와준다. 아동에게는 제한설정 자체가 중요한 치료과정이 될 수 있다. 치료자나 자신에 대한 신체적 공격이나 놀잇감 파괴, 치료실에서 뛰어다니기 등의 행동에 대해 초기 단계에서 제한설정을 해야 한다. 제한 설정의 구체적인 방법과 절차에 대해서는 Part 04의 대처에서 구체적으로 다루기로 하겠다.

놀이치료실

(3) 공격성 표출에 유용한 놀잇감

공격성을 표현할 수 있는 다양한 피겨들

공격성 표출을 활성화시키는 싸움놀이

공격성 표출에 유용한 펀치백

공격행동의 문제를 가진 많은 아이들은 언어적으로 표현할 수 없는 강한 억눌린 감정을 가지고 있다. 놀이치료실에서 아동들은 펀치백, 장난감 군인, 악어 손인형, 총, 고무칼, 야생동물, 찰흙 등을 놀잇감으로 활용하며 분노, 적개심, 좌절을 보다 자유롭게 표현한다.

아동들은 펀치백을 치거나 총으로 쏘고, 칼로 치거나 두드리며, 악어 손인형으로 다른 동물을 잡아먹거나 쫓아가며, 군인 인형들을 서로 대치하며 전쟁을 벌이거나, 자동차들을 서로 부딪치며 상징적인 활동을 통해 죄책감을 느끼지 않으면서 자유롭게 공격성을 풀어낸다.

또한 찰흙놀이도 창의적이고 공격적인 특성을 표현하는 데 유용하다. 찰흙을 두드리고, 던져보고, 주무르고, 온 정성을 다해 펼쳐보고 뜯거나, 찢는 활동을 통해서도 공격성을 표현할 수 있다. 점토는 에너지를 흡수할 수 있는 재료적 특성을 가지고 있기 때문에 공격적인 아동이 점토를 치고 던지고 두드리면서 자신의 공격성을 표출시켜 만족감을 느낄 수 있게 한다. 그러나 이러한 모든 공격성 표출을 위한 놀이는 치료실에서 치료자와의 안정된 치료적 관계 안에서 표현되고 적절한 치료적 제한을 지키며 표현되었을 때 치료적 힘을 발휘할 수 있다. 가정에서 또는 학교 운동장에서의 이러한 놀이는 자칫 아이에게 죄책감이나 부적절감을 일으킬 수 있다. 치료실에서는 아동의 욕구의 감정이 수용되고 안전감을 느낄 수 있는 치료적 관계 안에서의 놀이는 일상적 놀이와의 분명한 치료적 차별성을 지닌다. 공격성의 표현 후 아동이 느낄 수 있는 죄책감을 불러일으키지 않으면서 자신의 공격성을 자유롭게 표출하여 카타르시스를 경험하게 되고, 되는 것과 안 되는 것에 대한 현실검증을 받아 능력을 키울 수 있으며, 자신의 조절문제를 통찰하고 수정할 수 있는 치료적 기술이 동반되었을 때 아동의 공격적 행동은 진정한 치료적 국면을 맞이할 수 있다. 그 외에도 공격적 아동의 분노를 해결하기 위한 놀이들이 사용된다. '분노의 풍선', '분노 표출 도전', '괴롭히는 상대 쓰러뜨리기', '분노상자' 등이 분노감정을 해소하는 데 사용되는 대표적 놀이이다.

2) 치료적 접근 Ⅱ - 모래놀이치료

공격적인 아동이 꾸민 모래놀이 상자

모래놀이치료란 내담자가 규격화되어 있는 모래상자 안에 모래, 물, 여러 가지 소품들을 이용하여 삼차원적인 추상적이고 자발적인 모래그림을 만드는 과정을 통해 이루어지는 심리치료 기법이다. 이 과정에서 내담자가 자신의 내부 세계와 접하고, 치료자의 도움으로 자신의 감정과 삶의 양식을 이해하고 치유해가는 과정을 경험하게 된다. 모래상자 작업 과정은 내담자의 독특한 정신 내적 현실과 외부 세계의 현실을 이어주며, 무의식적이고 비언어적인 것을 의식적이고 언어적인 측면과 연결해준다. 특히 모래상자 안에 준비된 다양한 figure들은 아동의 내면세계를 표 현하는 데 촉진적 역할을 한다. 아동들은 언어화할 수 없었던 내면의 갈등들을 figure들을 통해 모래 상자에 표현하고 3차원의 작업과정을 통해 치료자와의 언어적 의사소통이 원활해진다. 모래놀이치료는 다음과 같은 특징들을 가지고 있어 공격성 문제를 가진 내담자들에게 적용할 수 있는 이점이 있다.

첫째, 자신의 문제를 언어로 드러내기 힘들어하는 아동과 청소년들에게 적용하기에 적합하다. 반항이나 수줍음 등 심리적인 문제로 인하여, 혹은 의식화되지 않아 모호하고 애매한 혼란스러운 감정들 때문에 공격적인 행동을 표현하는 내담자들의 문제에 대하여, 모래놀이작업은 언어로 나타낼 수 없는 생각들을 모래 위에 이미지 그림으로 표현하게 한다.

둘째, 치료관계에 도움을 주는 매개체로 활용할 수 있다. 자연스러운 모래놀이 과정에서 아동은 자신의 세계(world)를 만들어내고 치료자와 감정과 경험을 나누는 가운데 내담자와 상담자의 치료적 인간관계가 촉진되고 확립되어 간다. 아동은 치료자와의 안정된 치료관계 안에서 자신의 의식적 무의식적 욕구들을 모래상자에 표현해내고 해결되지 못했던 여러 감정들을 드러내어 치료자와 심층화된 과정을 통해 문제를 해결해나간다.

셋째, 모래와 물을 사용하므로 촉감을 이용할 수 있다. 모래는 굵기와 재질에 따라 다른 감촉을 가지고 있고 물 역시 촉각적인 감정을 연상시키고 불러일으킬 수 있으므로 모래놀이치료는 내담자의 정서반응에 보다 효과적으로 적용 가능하다. 때문에 내면에 분노가 차서 공격적인 행동으로 외현화하는 아동들의 경우 모래는 좋은 표현매체이다. 자신의 혼란스럽고 거친 정서를 모래상자에 표현해내고 심리적 신체적 에너지를 방출하여 카타르시스를 느끼게 하고 심리적 안정을 돕는다.

넷째, 모래의 명상적 성질과 더불어 모래놀이치료실의 다양한 피겨 매체는 자신의 공격적 심상을 안전하게 드러낼 수 있는 촉진적 역할을 한다. 또한 소품들의 사용으로 흥미를 불러일으킬 수 있다. 모래상자에서 사용되는 소품들은 친근한 것들이며 자신의 갈등을 상징적으로 투사할 수 있는 것들이다. 이러한 소품뿐 아니라 소품들로 만들어진 모래 세계 역시 내담자 스스로 자신이 표현한 것들을 보게 함으로써 반작용적인 자극을 받게 한다.

3) 치료적 접근 III – 게임놀이치료

(1) 게임놀이치료란?

아동들은 자유놀이를 할 때에 비해 게임을 할 때 정서적인 통제 경험을 더 많이 하게 되고 지적인 능력 발휘, 사회적 기술이 더 요구되며 실제 아이들의 삶에서 일어나는 다양한 에피소드들을 경험하게 한다. 게임놀이치료는 게임이 지니는 규칙, 경쟁, 통제와 조절, 감정표현, 전략 등의 다양한 속성 을 활용하여 아동의 심리적, 행동적 어려움을 변화시키는 심리치료적인 방법이다.

특히 게임은 공격성을 사회적으로 수용될 수 있는 방식으로 표현할 기회를 제공한다. 게임놀이치료에서 아동은 자신의 부정적 감정을 충분히 표현할 수 있는 기회를 가지고 치료자의 치료적 기술에 의해 공감과 수용을 경험하며 내적인 욕구를 해소한다. 또한 게임 속에서 나타나는 아동의 행동특성을 반영하거나 직면시켜 아동이 자신의 행동특성을 발견하고 알아차릴 수 있는 기회를 제공한다. 그리고 여러 게임 상황에서 치료자는 아동에게 필요한 문제해결적 요소들을 모델링을 통해 교시하기도 한다. 그 외에도 문제해결을 목적으로 고안된 게임치료도구들은 그 자체가 치료적 속성을 지니고 있어 아동의 공격행동 문제해결에 필요한 기능들을 수행하여 도움을 준다.

치료자들은 아동이 게임을 선택하는 과정과 승패에 대한 반응 등을 통해서도 아동의 공격성 정도나 변화 과정을 관찰할 수 있다. 뿐만 아니라 공격적 아동과 게임을 할 때는 경쟁욕구와 자기가치감, 공정한 게임에 대한 욕구 등이 활성화되면서 치료자와 아동 사이의 정상적인 경계가 다소 흐려져 치료에 활용되기도 한다. 그러나 반대로 이런 경계 혼란 때문에 역전이 문제에 빨리 빠지게 될 수 있다는 점도 염두에 두어야 한다. 치료자가 게임놀이 상황에서 힘의 불균형을 다루는 방법은 치료과정을 다루는 중요한 부분이 된다. 치료실 밖에서 부모나 친구와 하는 보드게임이 치료실에서 하는 게임과 다른 차이는 바로 여기에 있을 것이다. 게임놀이가 재미 탐닉에서 거치느냐, 치료적으로 기능하느냐의 문제는 바로 이 게임을 하는 대상과 대상의 태도와 행동, 기술에 달려 있다. 그래서 치료자는 아동의 증상과 연령, 치료 목적, 치료 과정에 맞는 게임도구를 선택할 수 있어야 하며 각 게임의 치료적 요소를 숙지하고 아동치료를 위한 수단으로 게임을 활용할 수 있어야 한다. 연령이 높은 아이들의 경우 인지행동치료적인 언어상담과 더불어 게임을 주로 활용하기도 한다.

(2) 인지행동 게임놀이치료

공격아동의 심리치료를 위해 위에서 소개한 다양한 매체를 활용한 치료적 방법과 더불어 인지행동적 치료적 접근이 효과적인 방법으로 쓰이고 있다. 특히 게임놀이치료에서는 아동의 행동수정을 목표로 인지행동치료적인 접근을 많이 활용한다. 인지행동치료는 분노조절이나 충동조절에 어려움이 있거나 자신의 분노감을 다루고 사회적 관계기술을 익히는 것이 필요한 내담아동과 연령이 어느 정도 높고 지능수준이 높은 아동들에게 효과가 높다. 이런 접근은 보드게임이나 대화게임과 같이 미리 구조적으로 고안된 과제를 통해 진행하게 된다. 아동은 치료과정에서 치료자와 함께 연습했던 것을 일상생활에서 시도해봄으로써 시행착오를 줄이고 자신감을 가지고 또래관계 회복에 도전할 수 있다. 이 치료기법을 위해 치료자는 시연, 역할극, 모델링, 소거하기, 타임아웃, 권리박탈, 차별강화, 토큰강화 등 다양한 행동 수정 기술을 사용할 수 있고 부모교육을 통해 가정과 학교와 연계해서 확장하여 진행하기도 한다.

(3) 공격행동 아동을 위한 게임의 치료적 요소

① 부정적 감정표출

대부분의 경쟁게임은 누군가가 실패하고 화를 내고 불쾌한 느낌을 쏟아내며 자신의 공격적 감정을 풀어낼 수 있다(예: 이놈 넌 나를 쓰러뜨렸구나, 이제 내 주먹맛을 보아라 얏, 퍽!!). 공격성을 풀어낼 수 있는 장이 게임 안이기 때문에 아이들이 공격성을 드러내고 풀어내는 데 많은 시간이 필요하지 않다. 경쟁게임에서 이기고 지는 과정은 아동이 부모나 형제관계, 또래관계에서 느꼈던 부정적인 감정들을 드러내고 정화하는 작용을 한다. 또한 공격아동을 위해 고안된 여러가지 문제해결을 위한 치료적 게임들과 대화게임은 자신의 감정이나 행동을 인식하고 조절하는 연습을 촉진하며 적절한 치료자의 모델링과 강화를 통해 행동의 변화를 촉진할 수 있다.

② 성인과의 라이벌 관계

경쟁적인 게임의 라이벌 관계는 어른과 아동들을 비교적 같은 시간에 머물 수 있게 해주어 자신이 경험했던 성인과의 화났던 경험을 재현하기에 충분한

조건이 주어진다. 다시 말해 치료 시 아동은 지적으로나 경험적으로 자신보다 우세한 위치에 있는 성인치료사와 마주앉아 대적한다는 점에서 성인과의 공격, 경쟁, 신뢰, 패배와 무력감, 분노 등의 다양한 감정을 발산할 수 있다.

③ 치료 관계와 기술 활용

아동이 가정에서 부모와 하는 게임과 치료실에서 치료자와 하는 게임은 치료적 의미에서 차이가 있다. 경쟁게임에서 아동과 마주한 성인 치료자는 아동이 뿜어내는 부정적 감정을 수용하고, 반영해주고, 공감해준다. 아동에게 초점을 맞추어 아동의 마음, 말, 몸짓, 정서표현 등에 세심한 관심을 가지고 게임을 치료를 위한 의사소통의 도구로 활용한다. 아동은 치료자와의 안전한 관계에서 자신의 정서적 문제를 충분히 드러내고 해결하는 과정을 경험한다.

아동은 부모나 친구와는 달리 자신의 감정과 행동을 있는 그대로 받아주는 치료자와의 관계경험을 통해 신뢰가 형성되고 이를 바탕으로 자신의 문제를 치료자와 함께 들여다보고 변화를 위한 노력을 아끼지 않게 된다.

④ 자기 조절 연습

공격행동을 하는 아동들은 초기에 게임 규칙을 지키는 데 어려움을 보인다. 또한 게임 상대자인 치료자의 모든 행동을 적대적으로 받아들이기도 한다. 이들은 자신의 감정과 행동을 객관적으로 인식하고 조절하는 데 어려움이 있다. 이러한 아동의 왜곡된 사고와 조절의 어려움은 게임에 참여하기 위해 규칙을 지키고, 치료자의 반영과 직면과 같은 치료적 기술에 의해 수정할 수 있게 된다. 대화게임과 같이 구체적인 생활 상황을 연계하여 치료자는 아동의 자신의 감정과 행동을 인식하도록 돕고 나아가 효과적으로 조절하는 기술을 가르칠 수 있다. 문제해결적 게임이나 분노조절 게임에서 아동이 적절한 반응을 하면 치료자가 토큰으로 강화물을 주어 바람직한 조절적 행동을 증가시키도록 한다.

⑤ 치료자의 모델링

치료자는 아동과의 경쟁게임 상대자로서 적절하게 공격성을 표현하는 좋은 모델로서도 기능할 수 있다. 치료사는 지거나 말을 잘못 움직였을 때 상처나 분노, 절망적인 감정을 상대방을 다치지 않는 방법으로 표현하면서 아동에게 비공격적인 자기표현 방법을 모델링한다. 또한 대화게임이나 문제 해결게임에서 치료자는 아동의 문제를 중심으로 적절한 모델링을 하여 아동이 치료자의 대처방법을 듣고 자신의 행동조절 대안으로 삼을 수 있도록 돕는다.

(4) 공격적 아동을 위한 치료적 보드 게임의 예

① 월드컵 축구

축구는 전 인류가 공격적 에너지를 승화시키는 데 사용하는 대표적 놀이이다. 보드게임에서의 축구도 신체활동 게임의 하나로 아동의 부정적 정서의 방출이나 억압된 공격성과 내재된 충동성 표출에 매우 유용한 게임이다. 그러나 공격적아동과의 게임놀이치료에서 신체를 통한 놀이만이 장기화된다면 언어로 감정과 정서를 표현하고 문제를 해결하는 치료적 과정을 놓치게 되는 우려가 있으므로 유의해야 한다.

② checker 게임

전략게임의 하나로 아동의 능력이 게임의 승패를 결정짓는 요인이 된다. 매우 경쟁적인 게임으로 인지적 기능을 많이 사용하는 게임임에도 불구하고 승패가 순간적으로 변화하기 때문에 감정표현과 경쟁과정을 촉진하고 아동이 자신의 공격성을 안전하게 표현할 수 있다. 뿐만 아니라 잦은 승패의 변화는 상대방의 도전을 받아들이고, 잘못을 수정하며, 앞으로의 계획을 세우고 예상하는 등 승패에 대한 다양한 태도를 파악하고 개입할 수 있어 아동의 사회적 관계를 위한 다양한 훈련을 가능하게 한다.

③ 분노조절 게임

이 게임은 분노를 효과적 다루기 위해 고안된 것으로 공격행동 아동의 분노조절 어려움의 기저에는 인지적 행동적 결함이 있다는 전제에서 출 발한다. 아동들이 가족이나 또래관계에서 분노상황이 벌어졌을 때 어떻게 인지적 기술을 사용하여 대처하는지를 게임을 통해 가르치는 문제해결중심 게임 치료이다. 치료자와 1:1 구조나 소집단 활동에서 사용할 수 있으며 치료 자는 아동의 문제행동에 초점을 두고 좋은 모델링이 되어준다. 아동이 게임 중에 적절한 반응을 하면 토큰이나 칩과 같은 강화물을 주어 게임 지속 동기를 높이고 게임에서 숙달된 인지적 대처를 일상생활에서 적용할 수 있도록 돕는다.

④ 치료적 대화게임(Talking, Feeling, Doing Game)

이 게임은 공격행동을 하는 아동들이 자신의 감정을 인식하도록 돕고 감정과 행동의 관련성을 파악할 수 있도록 하기 위해 고안된 게임이다. 자신의 화나는 감정들을 치료자와의 구조화된 게임 안에서 표현하고 인식하며 치료자로부터 공감 받고 수용 받는 과정을 거친다. 또한 치료자는 아동이 자신의 감정과 행동과의 연관성을 깨달을 수 있도록 감정, 행동, 생각을 반영하고 명료화한다. 이러한 과정을 통해 아동은 자신의 감정표현을 부적절한 방법으로 행동화하지 않고 언어화하거나 바람직한 행동으로 표현할 수 있게 된다.

⑤ 이웃사귀기 게임

공격행동을 하는 상당수의 아이 들은 또래관계에서 손상을 입은 경우가 많다. 이 게임은 놀이치료 초기 중기 과정에서 정서적 문제가 어느 정도 해결 되고 나면 또래관계 회복을 위한 문제해결적인 놀이를 구조화하여 접근할 때 사용할 수 있다. 이 게임은 사회적 기술훈련을 단계적으로 훈련시키는 것으로 행동주의 이론에서 토큰경제개념을 도입하여 1:1 치료자와 아동 간에 이용할 수도 있고 집단놀이치료에서 사용할 수 있다. 치료자와 아동이 주사위를 던지고 말을 놓아가며 하는 게임으로 각자에게 주어지는 카드에 대해 적절하게 반응하면 상대방이 평가하여 토큰이나 칩을 받게 되며 나중에는 치료실에 마련된 작은 장난감 코너에서 물건으로 교환할 수 있다. 이 게임을 통해 아동들은 사회적 지각수준을 높이고 대화기술이나 적절한 자기주장 방법을 연습하게 되고 분노를 다루는 방법을 함께 습득하게 된다. 3학년 이상의 읽기가 가능한 아동들에게 적합하고 총 8세션의 내용으로 구성되어 있다.

창식이는 생후 초기에 모의 직장일로 적절한 양육을 받지 못했고, 이후 지속적으로 부부 불화에 노출되어 내면에 많은 분노와 적개심을 쌓았다. 또한 창식이의 부모는 바쁜 생활로 마음에 여유가 없어 아이의 행동을 기다려주기보다는 다그치거나 통제하는 양육 방식을 취하였다. 아동의 놀이에도 제한을 두어 공격적인 장난감이나 신체놀이를 엄격히 금지하였고 아동의 부정적 감정표현도 수용해주지 못하였다. 특히 화나 분노를 표출할 때마다 강력한 체벌로 다스려 아동은 해결되지 않은 감정과 공격성을 억압하고 억제해왔다. 그간 자신의 감정을 억제하며 착한 아이로 지내왔던 창식이는 최근 영어 유치원으로 옮긴 후, 분노조절의 문제를 가지고 치료실을 찾아왔다.

아이는 유치원에서 친구들과 놀다가 사소한 일에 불쑥 화를 내고 발을 구르며 소리를 지르거나 창문에 물건을 던지는 등의 공격적 행동을 하여 교사와 반 아이들을 불안에 떨게 하였다. 가정에서도 엄마의 사소한 한마디에 불같이 화를 내고 TV 리모컨을 던지는 등의 걷잡을 수 없는 공격행동을 보였다.
결국 유치원에서 감정조절의 어려움을 보이고 분노를 폭발하는 방식으로 자신의 화난 감정을 드러내 유치원 교사로부터 상담이 의뢰되어 왔다. 창식이는 내면에 애정욕구 좌절로 인한 우울과 부정적 감정으로 인해 높은 불안 증상이 축적되었고, 어릴 때는 불안을 방어하기 위한 기제로 지나친 순종행동을 보이다가 최근 공격적 행동으로 방향을 전환한 경우였다. 또한 그간 감정을 표현할 수 있는 기회는 없이 억압만 하였던 창식이는 영어 유치원에서의 과중한 스트레스가 촉발요인이 되어 감정조절의 어려움이 외현화 행동으로 표출되었다.

창식이는 치료 초기에 치료자와 신체놀이를 통해 애정욕구를 충족하며 안정된 신뢰감을 형성하여 치료적 동맹 형성에 성공하였다. 이를 바탕으로 치료중기에 접어들면서 장난감 피겨들을 공격하고 죽이는 놀이를 반복하며 충분한 공격성 발산과 카타르시스를 경험하였다. 또한 그동안 억압되었던 자신의 욕구를 공격성으로 표출하였는데, 활쏘기나 망치 치기, 칼로 보브인형 치기 등 다양한 놀이를 통해 자신의 감정을 발산하였다. 가끔은 조절의 어려움을 보이며 치료자에게 활을 쏘거나 칼로 찌르는 것과 같은 직접적인 공격적 행동을 보여 치료자가 치료적 제한 설정을 반복하여야 하였다. 그간 눌러 두었던 창식이의 부정적 감정과 행동은 치료실 안에서 장시간 표출되었고 안전한 치료적 관계 안에서 충분히 정화되는 과정을 경험하였다. 이 과정에서 치료실 밖에서의 문제 행동은 초기에 비해 현저히 줄어들었다는 보고가 있었다.

치료 중기 초반부터 간헐적으로 시작하던 신체를 이용한(연령에 적절한) 게임놀이는 중기 후반부터 말기 과정에서 본격적으로 시도되었는데 창식이는 스스로 자신이 원하는 게임을 선택하여 사회적으로 수용될 수 있는 방식으로 표현하고자 하였다. 뿐만 아니라 치료자가 제안한 문제해결을 위한 대화게임이나 조절게임을 받아들여 사회적 상황에서 자신의 감정과 행동을 어떻게 조절해갈 것인지에 대해 치료자와 연습하는 단계를 거쳤다. 아동은 게임을 통한 보다 사회적이고 현실적인 경쟁 안에서 공격성을 표현하고 현실 검증능력과 통제력을 향상시켜갔다. 말기 단계에 즈음하여 창식이는 합기도 학원에 다닐 것을 원하였고 부정적 공격 에너지를 긍정적 에너지로 전환하고자 하는 태도를 현실생활에서 직접 보여주기도 하였다. 창식이는 스스로 상담의 종결을 결정할 정도로 내적 힘이 강해졌고 친구들과의 관계에서도 주도하며 원활하게 지내는 아동으로 성장하였다.

4) 치료적 접근 Ⅳ – 아동집단상담

개별상담이 어느 정도 진행되어 아동의 정서적 문제가 해소되면 소집단 상황에서의 또래관계를 통해 관계 맺기와 갈등 해결을 연습할 기회를 가지게 된다. 집단상담은 전문 치료자의 중재적 역할을 바탕으로 유사한 문제를 가진 아동들이 함께 공동의 문제를 해결하기 위해 진행된다.

대부분 구조화된 프로그램들로 보통 사회인지, 인지행동, 사회학습 이론을 통합적으로 사용하고 있으며, 대인관계 기술 익히기, 사회적 유능감 갖기, 문제해결력 기르기, 자아감 향상시키기, 자기 분노감정 인식하기와 같은 인지행동적 요소를 포함한 사회적 능력훈련 내용이 주된 활동이다. 대략 8~15회기 정도로 진행되는 경우가 많다. 이 밖에도 자기주장훈련, 미술치료, 인지행동치료, 심리극, 독서요법, 집단음악활동 등도 공격성 감소를 위한 아동집단상담 프로그램으로 사용된다.

(1) 분노조절 집단프로그램

분노조절 프로그램은 분노나 공격적인 행동으로 어려움을 겪고 있는 아동과 청소년들이 어떻게 자신의 분노를 이해하고 대처하는지에 대한 방법을 배우는 프로그램이다. 가정과 학교에서 화가 나는 상황에서 격분하지 않고 행동을 조절하고 문제를 해결할 수 있도록 하는 데 도움이 된다.

공격적인 아동은 공격행동 표출과정에서 인지적 왜곡과 인지적 결핍이 있다(Kendall, 1993)고 보고되고 있다. 즉, 이들은 사회적 상황을 판단할 때 다양한 단서를 활용하지 못하고 공격적이거나 적대적으로 해석할 만한 단서들에 편향된 주의를 기울여 대처방안을 충분히 생각하지 않고 행동으로 옮겨버린다. 따라서 공격적인 아동들에게는 상황에 대한 부정적인 인식과 편향된 사고과정을 수정하도록 하고, 생각하기 전에 충동적으로 행동하는 것을 중지하며, 사고를 통한 문제해결 방안을 모색하도록 인지적 결핍을 보충해주는 개인 전략이 필요하다(Morgan, 1998).

인지도식의 변화를 위해서는 먼저 분노 반응을 일으키게 한 상황적 촉발요인을 확인하기 위해 상황을 재구성하여 인지과정을 확인하고 긍정적인 반응을 촉진하도록 연습한다.

두 번째로는 이완기술을 습득해 분노감정을 조절할 수 있는 방법을 제시한다.

마지막으로는 분노를 자극하는 상황을 역할극으로 재현하여 대응방법을 연습한다. 이런 기술들을 훈련하기 위해 지시, 모델링, 행동연습과 예비학습 등을 활용한다.

(2) 해결중심 현실치료적 접근

공격성 문제를 갖고 있는 아동 청소년은 공격적인 행동과 부정적 단서에 초점을 맞추는 등 부정적 생각과 행동에 몰두하여 같은 행동을 반복하거나 문제가 더욱 심각해지곤 한다. 현실치료나 해결중심적 접근에서는 부정적 행동이나 사고보다는 더 효과적으로 사고하고 활동하는 방법을 선택하도록 도와주므로, 실질적인 대안 찾기와 빠른 개입에 효과적일 수 있다.

또한 그동안 주변에서 부정적인 피드백을 주로 받아오며 자신의 장점을 발견하지 못했던 아동 청소년에게 자신의 강점을 알고 긍정적으로 자신을 수용하는 기회를 줄 수 있다. 특히 잘할 수 있다는 자신감을 심어주며 바람직한 선택을 통해 갈등을 원만하게 해결할 수 있는 능력을 길러주는 데 도움이 된다.

(3) 공감훈련 프로그램

공격적 행동의 직접적 동기 중 하나가 분노이므로, 분노를 공감으로 대치하거나 공감을 증진시키는 훈련을 통해 공격성을 감소시키고 또래와의 갈등 상황에서 자신의 분노에만 몰입된 생각의 틀에서 벗어나 타인의 슬픔과 분노 등의 정서를 이해할 수 있도록 도와주는 훈련을 받는다.

공감훈련 프로그램 내용은 공감의 세 가지 요소, 즉 인지적 요소, 정서적 요소, 표현적 요소를 충족하는 것으로 이루어진다. 구체적인 내용으로는 주의집중하여 듣기, 남의 생각 받아들이기, 느낌 상상하기와 타인의 감정을 읽고, 공감반응 변별하기와 공감반응 표현하기 훈련 등으로 이루어진다. 공감훈련 프로그램은 여러 연구에서 청소년들의 공격성향을 감소시키는 것으로 보고하였다.

(4) 문제해결기술훈련

'Think Aloud 기법'은 공격성을 유발하는 상황에서 교사나 상담자와 아동이 행동을 직접 연습해보며 이 상황에서 문제가 무엇이고, 어떻게 해결해야 할지 생각하여 아동이 소리 내어 말해보면서 문제해결 기술을 집중적으로 배우는 훈련 프로그램이다.

아동의 대인관계 상황에서 사고 과정을 강조하는 방법으로 아동에게 대인관계 문제를 적극적으로 해결하도록 하기 위해 단계별로 가르친다. 아동이 문제해결을 효율적으로 하기 위해 그 문제의 특성에 주목하도록 하는 말을 스스로 해보도록 한다. 소집단 내에서 놀이나 학업활동, 이야기 나누기를 통하여 인지적 문제해결 기술을 가르치도록 치료자가 이미 구조화된 과제를 준비하여 또래관계에서 경험할 수 있는 문제 상황을 일으키고 모델링이나 직접강화와 같은 방법으로 직접적인 기술훈련을 실시한다. 이때 치료자는 말로 소리 내어 표현하면서 인지적 과정의 모델을 보여주는 등 적극적 역할로 세션을 이끌어간다.

또 다른 기술로는 문제에 대한 일련의 진술문을 만들고 적합한 기술을 촉진하기 위해 강화물을 제공하고 긍정적 시도들에 대해 피드백을 주고 정확한 기술을 칭찬한다. 치료에서는 모델링, 실습, 역할놀이 등을 활용하게 된다.

(5) 자기조절 집단상담 프로그램

공격행동 아동은 자기조절에 어려움을 지닌다. 본 프로그램은 인지행동주의적 상담프로그램을 기초로 공격행동 감소를 위해 공격행동과 관련된 자신의 행동을 관찰하고 자기목표를 설정하며, 자기평가와 자기강화를 구성 내용으로 한다.

객관적으로 자기의 행동을 인식하고 관찰할 수 있는 있는 시간을 통해 자신의 행동을 돌아보고 사고하고 행동을 변화시킬 수 있도록 동기를 제공한다. 뿐만 아니라 또래관계나 부모자녀관계에서 자신의 목표행동을 설정하고 목표를 달성하였을 때와 그렇지 못할 때에 어떻게 자기를 강화할 것인지를 치료자와 함께 설정해간다. 이러한 모든 진행과정상의 내용들에 대해 자기평가를 꾸준히 할 수 있도록 프로그램이 구성되어 있다.

(6) 주장훈련 프로그램

공격행동을 하는 아동과 청소년들 중에는 대인관계에서 적절한 주장행동을 하지 못하는 경우가 많다. 그들은 자기의 욕구나 권리를 적절히 주장하기보다는 타인의 희생으로 자신의 욕구나 권리를 표현하고, 타인의 행동에 대해 부적절한 적의의 과잉 반응을 보이기도 하며 타인을 멸시하거나 창피를 주는 등의 공격적 방법으로 자기를 주장한다.

주장 훈련 프로그램을 통해 기존에 공격적 자기주장을 해왔던 아동과 청소년들이 상대방의 권리를 침해하거나 상대방을 불쾌하지 않게 하는 범위 안에서 자신의 욕구를 솔직하고 직접적으로 표현하는 방법을 학습하게 된다.

이 프로그램에서는 자신의 주장행동과 공격행동을 인식하는 단계와 화가 날 때 감정을 적절히 다루고 불안상황을 이겨내는 방법 등에 대해 배우고 여러 가지 상황에서 자신의 주장을 적절하게 표현하는 연습단계를 거치게 된다. 또한 외부에서 주장행동을 실천해보고 그로부터 어려운 점과 얻는 것에 대해 토론하고 시행착오를 해결해 대인관계의 자신감을 회복해간다.

(7) 또래관계 개선 프로그램

만약 아이가 또래관계에서의 관계적 공격성이 주 문제가 된다면 개별 심리치료를 우선으로 하여 내면의 분노와 정서를 다룬 뒤 다음으로 신뢰성 회복을 위한 대인관계 프로그램의 연계가 후행되는 것이 적절하다. 이들은 관계를 통해 얻은 심리적 상처로 인해 친구관계에서 누구도 믿지 못하겠다는 불신감을 갖고 있으므로 관계촉진의 사회성 기술 프로그램만으로는 근본적인 해결책을 찾기 어렵다. 즉 기존의 사회성 기술 프로그램에 더해 사과와 용서, 위로의 행위와 같은 신뢰성 회복을 통한 관계 형성을 위해 치료자와의 안전한 소집단 활동에서 1차적으로 대인관계를 경험하고 시도해보는 과정이 필요하다.

공격행동을 감소시키기 위한 사회적 기술 훈련 프로그램은 자신의 인지, 행동, 감정에 대해 인식하는 작업을 통해 자신의 행동에 대한 문제인식 단계를 거친다. 다음으로 또래관계에서 공격행동과 연결될 수 있는 자기주장, 자기통제, 협력과 친사회적 행동 등의 기술을 배우는 과정을 거친다. 이를 바탕으로 소집단 내에서 다양한 상황을 역할극을 통해 시연해보고 실제 상황과 연결하여 훈련받는 단계를 거친다.

(8) 사회적 관심증진 프로그램

본 프로그램은 또래 관계 개선 프로그램의 하나로 사회적 관심 증진을 공격성 감소의 주요 요인으로 본 Adler의 개인심리학에 이론적 기초를 둔 프로그램이다. 아동이 자연스럽게 자기표현을 하고 축적된 긴장감과 좌절감, 공격성, 분노 등의 부정적 감정을 발산할 수 있는 놀이활동들로 구성되었다. Adler이론에 기초하여 총 4단계로 구성된 본 프로그램은 1단계에 아동과 치료자가 평등한 관계를 형성하여 그들의 능력에 대한 신뢰와 존중을 전달하는 것을 주목적으로 한다.

2단계에서는 아동들이 또래관계에서 보이는 자신의 생활양식을 탐색하기 위한 여러 활동들을 경험함으로써 자신의 반응양식을 객관적으로 조망해보고 객관적인 자기인식과 타인을 이해 수용할 수 있는 공감능력을 증진시키도록 한다.

3단계에서는 자신의 생활양식에 대한 이해를 바탕으로 자신의 지각과 태도, 생각과 감정, 행동을 변화시키기 위한 다양한 기회를 제공한다. 또래들과의 관계에서 자신의 공격적 반응이 가진 문제를 확인하고 협동을 강조한 놀이활동을 경험함으로써 갈등 상황에서 공격적 대처가 아닌 다양하고 적절한 대처를 할 수 있도록 돕는다.

마지막으로 4단계에서는 이전의 3단계에 걸쳐 획득한 기술과 능력이 실질적인 생각, 감정, 행동 변화로 나타나도록 돕기 위해 새로운 상황에서 타인과 상호작용하는 방식을 연습하도록 한다.

본 프로그램을 통해 공격적 아동들은 또래관계에서 보이는 자신의 공격적 반응양식을 객관적으로 인식하고 보다 적절하게 대처할 수 있는 기술을 향상시킬 수 있고 타인의 입장을 이해할 수 있는 공감능력과 공동체의 이익에 공헌할 수 있는 새로운 기술을 학습하게 된다. 본 프로그램은 임상적 수준의 공격성을 드러내는 아동을 주 집단으로 하기보다는 학령기 아동의 건전한 인성 발달과 또래관계 향상을 목적으로 교육과 예방적 차원에서도 유용한 프로그램이라 볼 수 있다(김춘경·박정순, 2000).

5) 치료적 접근 V – 부모상담 및 교육적 접근

"아이를 키우며 죄를 짓지 않는 부모는 없습니다. 알고도 죄를 짓고, 모르고도 죄를 짓지요.
저도 부모로서 죄를 짓고 삽니다."

아이의 행동에 대해 자신이 죄인이라며 눈물을 보인 아버지께 우리나라
최초의 놀이치료사인 주정일 선생님이 하신 말씀이다. 아이를 키우는 일에
있어 완벽한 부모는 없다. 알면서 죄를 지은 부모는 상담을 받고, 모르고 죄를
지은 부모는 교육을 받아 행동을 변화시키면 된다. 아이의 공격행동 원인과
대처해왔던 과거 시간에 대해 많은 부모들이 죄책감을 느낀다. 그러나 인간은
누구나 실수할 수 있는 법이고 실수는 만회할 수 있는 것이다. 중요한 것은
지금부터 부모가 어떻게 하느냐이다.

공격적 문제행동을 감소시키기 위해 아동 치료뿐만 아니라 부모상담 및
교육이 필수적으로 병행되어야 한다. 그러므로 부모상담 시 자녀의 공격 행
동으로 인한 심리적 고통과 부모 자신의 개인 심리적인 문제를 먼저 다루어야
한다.

다음으로 겉으로 드러난 자녀의 공격적 행동(표현)의 근본적인 원인에 대한
이해를 도와주고 부모의 잘못된 양육행동을 수정하도록 한다. 부모의 이러한
노력을 바탕으로 자녀와의 새로운 관계형성을 도모하도록 하며 아동의
공격행동과 관련된 다양한 대처에 대해 조언을 받는 과정을 거친다.

대부분 아동의 공격행동치료를 위해 상담자는 부모상담에서 조력자로서
정보를 제공하거나 가정에서의 대처를 다루는 기술을 익히는 것에 머물지만
부모가 치료과정에서 견디기 힘들다고 호소하는 이유는 대부분 자신의

문제를 먼저 해결하지 못하고 있거나 부모의 자기 돌보기가 안 되고 있기 때문임을 알아야 한다. 공격행동을 하는 아동의 부모를 상담할 때는 특히 부모의 심리적 문제를 해결하는 과정이 선행되어야 한다.

공격행동을 하는 아동의 대부분이 부모자녀관계와 관련이 있고, 심리적으로 준비되지 못한 부모에게 공격아동에 대한 이해와 대처를 교육하는 것은 효과성이 높지가 않기 때문이다.

(1) 공격아동의 부모와 작업하기

① 1단계: 부모의 심리적 문제 다루기 – Self Care

아동의 공격행동은 부모의 미해결된 심리적 문제가 외부로 드러나게 하는 중요한 자극제가 된다. 대부분의 부모들은 아동의 공격행동에 대한 반응으로 자신의 감정을 폭발적으로 드러내거나 부모의 공격성을 훈계나 벌의 방식으로 풀어낸다. 부모의 이런 행동은 다시 죄책감을 일으키고 아동에게 또 다른 패턴으로 대하게 된다.

아동은 부모의 행동 변화에 혼란해하며 자신의 공격행동에 변화를 시도하여 악순환이 거듭된다. 부모는 심리적으로 지치고 소진되어 아동의 문제를 객관적으로 보고 깊이 수용하고 단호하게 대처를 하기에 어려움이 크다는 것이다. 이런 고통으로 인해 가끔은 부모들 중 부모역할을 포기하고 싶다고 하는 사람도 있다.

이러한 부모들에게 아동의 공격행동에 대한 일방적인 교육과 대처방법을 기계적으로 가르치는 과정은 부모들이 치료자로부터 수용 받지 못하고 또 다른 삶의 부담을 주어 효과적인 상담을 진행하는 데 장애가 된다. 아동 상담을 받는 과정에서 아동의 문제 이전에 부모 자신의 심리적 어려움에 대해 풀어내고 치료자로부터 충분히 이해받고 수용 받는 과정이 우선적으로 필요하다.

아동상담자는 이러한 부모의 문제를 다루기 위해 아동상담을 마친 후, 10여 분의 부모상담시간을 이용하거나 시간적인 제약이 있을 경우는 독립적인 부모상담 회기를 정해 진행하는 것이 바람직하다. 부모의 심리적 문제가 클 때나 장기적인 상담과 약물치료가 필요할 때, 부부상담이나 가족상담과 같은 구조적인 변경이 필요한 경우는 해당기관 안에서 또는 관련 전문기관을 소개받고 서로 연계하여 상담을 진행하는 것이 필요하다.

② 2단계: 아동문제에 대한 부모의 통찰과 행동 수정

부모상담 시에 다룰 수 있는 또 다른 내용은 부모의 체벌적 훈육에 대해 자신의 행동이 아이에게 미칠 수 있는 영향을 이론적으로 설명하고 행동을 수정하도록 돕는 것이다. 부모의 개별적인 어려움을 상담자와 다루고 나면 부모의 가슴에 수용할 수 있는 자리를 만들고 자신의 심리적 문제와 아동의 문제행동이 어떻게 관련이 있는지 통찰하는 시간이 필요하다.

예를 들어 어린 시절 부모와의 애착관계가 빈약했던 청소년이 학교에서 잦은 폭력사건에 연관되어 빈번한 교사의 지적, 벌점 부여, 정학 위기 등의 어려움을 겪고 있는 청소년 사례가 있다고 생각해보자.

어린 시절 부모자녀관계가 현재 청소년의 행동에 어떠한 영향을 미쳤는지 그리고 부모의 체벌적 훈육방식이 자녀에게 어떠한 악영향을 미쳤는지를 설명하고 부모를 통찰시키는 과정이 필요하다. 또한 처벌보다는 자녀에 대한 이해와 수용이 효과적인 심리적 과정임을 설명하고 자녀에 대한 부모의 양육행동을 수정한다.

③ 3단계: 부모자녀관계 재형성 유도

부모상담에서 진행해온 내용을 바탕으로 어긋난 부모자녀관계를 재형성하는 단계를 거치게 된다. 많은 공격행동의 뒤에는 부모의 행동이나 부모자녀관계 문제가 숨어 있으므로, 부모가 공격행동의 완화제가 되고 문제해결의 열쇠를 가지고 있다고도 볼 수 있다.

지금까지 부모상담에서 다루어온 자원을 바탕으로 아동과의 긍정적인 관계형성에 초점을 두어야 한다. 부모와 아동의 관계형성을 위해 무엇보다 진솔한 대화시간이 필요하다.

부모가 먼저 자신의 행동에 대한 통찰이나, 감정, 노력, 다짐 등을 꺼내고, 아이의 이야기를 적극적으로 경청하며 아이의 입장에서 이해하고 수용하는 시간이 필요하다. 그 외에도 아이와 함께 긍정적 감정을 나눌 수 있는 가족 나들이, 아버지와의 운동이나 어머니와의 쇼핑 등도 아이와의 좋은 관계형성에 도움이 될 것이다.

사례 엿보기 - 정수 이야기

정수는 학교에서 친구들로부터 집단 구타를 당하였으며 성격이 예민해지고 높은 불안
행동을 나타내기 시작했다. 이 사건은 정수에게 인지적 왜곡을 불러일으키고, 이로 인해
상황을 객관적으로 파악하지 못하는 행동이 나타났다.

그는 다른 사람의 의도를 부정적으로 받아들여 자주 부모의 행동을 못마땅해하면서
부모에게 화를 내고 집안의 물건을 파괴하는 등의 행동을 보였다. 또한 부모의 요구를
수용하지 않는 방법으로 공격성을 표현하기도 하였다. 정수의 경우 어린 시절 부모의
맞벌이로 충분한 애정과 따뜻한 보살핌을 받지 못했기 때문에 부모에 대한 원망과
적개심이 원인이 되어 인지적 왜곡의 대상이 바로 부모에게로 옮겨온 것이다.

상담에서는 무엇보다 정수의 상처받은 과거시간에 대한 치유와 부모와의 관계 재형성을
중점적으로 다루었다. 분노나 적개심은 반드시 상담을 통해 표출할 수 있도록 하고,
부모와의 관계를 호전시키기 위해 독립적인 부모상담을 통해 부모의 심리적 변화를
도모한 후 부모가 치료의 든든한 협조자가 되었다.

부모는 일과 모임을 줄이고 정수와 시간을 보내며 온전한 부모역할을 수행하는 데
노력을 아끼지 않았다. 대부분의 청소년 문제는 오랫동안 축적된 문제로 예후가 좋지
않은 경우가 많았지만 정수의 경우, 부모의 적극적인 자세와 노력으로 상담효과가 매우
좋았던 경우라 볼 수 있다.

④ 4단계: 실제 공격행동 상황에서의 대처방법 배우기

예기치 않은 상황에서 아동이 드러내는 공격행동에 당황하여 부모가 양육효능감을 잃는 경우가 많다. 어떤 부모는 일상생활에서 일어나는 일들을 수첩에 꼼꼼히 적어오기도 하며 상담에 성실성을 보인다.

이러한 경우는 대개 상당히 성공적인 효과를 거둔다. 그만큼 부모가 변화에 대한 의지가 높고 탄탄한 준비가 되어 있다는 뜻이다.

앞에서 이루어진 부모상담 과정을 바탕으로 부모상담에서는 문제행동에 대한 대처나 구체적 양육기술에 대해 배우게 된다. 여기서는 부모들에게 아동의 공격적인 행동을 줄이는 구체적 양육 기술을 조언하고 교육하게 된다.

공격행동을 바로잡기 위해 윽박지르거나 체벌하는 것과 같이 아이를 더욱 자극하고 공격행동의 수위를 높이는 행동보다 아이의 이야기나 요구를 먼저 들어주고 객관적이고 상식적인 수준에서 아이가 이해할 수 있는 내용으로 부적절한 행동에 대해 단호하고 행동을 제지하도록 한다. 또한 모호하고 간섭적인 베타명령을 구체적인 알파명령으로 수정하도록 돕는다.

아동의 공격행동에 대해 벌을 주기보다는 친사회적 행동이나 조절행동에 대해서도 서로 칭찬과 인정을 해주고, 공격행동 후 잠깐 동안 타임아웃 하는 방식 등에 대해 교육한다. 또한 제한설정 방법에 대해서도 직접 교시하고 역할놀이를 통해 실제 상황을 연습하도록 시킨다.

사례 엿보기 - 3살 민지 이야기

최근 민지는 동생을 얻었다. 민지는 부모에게 짜증을 내거나 화를 내고 갓 태어난 동생을 꼬집거나 때리는 행동을 보이기 시작하였다. 민지 부모는 아이가 동생에게 나쁜 짓을 할 때마다 소리를 지르거나 꾸중하며 벌을 주었다고 한다. 그러나 그때만 잠시 행동이 줄어들다가 또다시 부모가 없거나 벌 받은 시간이 좀 지나면 같은 행동을 반복한다고 했다. 또한 동생에게 하는 공격행동의 종류가 다양해지고 그 수위가 날로 높아져 부모가 일회적 양육 상담을 받고자 하였다.

치료자는 민지가 동생을 때리는 행동을 할 때마다 그 행동에만 초점을 두고 꾸중하기보다는 일상생활에서 작은 아이를 돌보는 데 있어서 큰 아이를 적극적인 참여자로 유도할 것을 조언하였다. 평소에 민지에게 충분한 사랑을 표현하면서 동생을 키우는 데 민지가 큰 도우미가 되도록 역할을 주고 도움을 제공할 때마다 긍정적 강화를 주어 공격행동과 상반되는 행동으로 에너지를 전환하도록 안내하였다.

(2) 공격아동 부모를 위한 부모교육 프로그램

공격적인 행동 문제를 가진 아이의 부모들을 대상으로 구조화된 프로그램을 진행하는 것도 도움이 될 수 있다. 많은 연구에서 자녀의 문제행동 감소를 위해 부모를 대상으로 문제에 대한 이해와 부모자녀관계 해결, 자녀에게 필요한 사회적 기술 훈련을 간접적으로 교시하여 효과를 입증하여 왔다. 자녀의 부적응적인 행동의 감소를 위해 부모의 행동에 대한 이해와 통찰, 양육행동의 변화, 치료의 조력자로서의 역할은 매우 효과적이다.

공격행동을 하는 아동 부모의 경우, 자녀의 공격행동에 대해 이해가 부족하고 잘못된 방법으로 대처하여 공격행동의 양상을 키우고 불필요한 죄책감에 시달리며 부모자녀관계에서 악순환을 거듭하는 경우가 많다.

따라서 이러한 공통된 문제를 해결하기 위한 하나의 방법으로 공격아동 부모를 대상으로 하는 부모교육 프로그램은 아동의 공격성에 대해 이해와 원인과 해결방법을 함께 찾아보는 내용이 포함된다.

또한 공격성을 예방하기 위한 방법으로 바람직한 양육방법과 대화기술을 배우며 공격적 행동에 대한 대처 방법을 훈련받는 시간을 집중적으로 가지게 된다. 프로그램에서 진행된 내용을 실제 가정에서 활용해보고 집단 내에서 피드백을 받으면서 부모로서의 양육 효능감을 향상시켜 갈 수 있다.

PART 04

공격적 아동을 위한
양육 처방

아이들의 공격성은 다양한 형태로 나타난다. 어떤 아이는 폭력적인 행동이 두드러지기도 하고, 겉으로는 순해 보이지만 독한 말과 반항으로 상처를 주기도 한다. 또 여러 가지 유형의 문제가 함께 나타나는 경우가 많기 때문에 과연 어디서부터 어떻게 풀어나가야 할지 막막해진다. 공격적이고 반항적인 문제를 가진 아이의 경우, 전문적인 상담치료 못지않게 중요한 것이 바로 건강한 부모자녀 관계이다. 아이의 부정적 행동 그 자체를 질책하고 변화를 강요하기보다는 근본적인 문제해결과 전략적인 방법을 취해야 한다.

공격적인 아동의 행동에 보다 효율적으로 대처하기 위해서는 무엇보다 부모의 마음을 먼저 들여다보고 다스리는 것이 첫걸음이다. 아이 행동의 출발이 부모의 행동에 있을지도 모르는 일이다. 본 장에서는 공격적인 아이를 다루기 위해 우선 부모의 변화를 첫 출발로 삼고자 한다. 구체적으로는 공격적인 아이를 둔 부모의 마음알기, 공격성을 일으키는 부모자녀관계 들여다보기 그리고 아이의 행동을 보다 객관적으로 들여다보고 우선적으로 취할 수 있는 몇 가지 팁을 제시하였다. 이어서 공격행동의 유형별 대처방법에 대해 소개하고자 한다.

공격성 문제를 가진 아이들은 각종 사건 사고의 주역임과 동시에 엄마 아빠에게 독설에 가까운 말들을 쏟아붓는 경우가 많다. 아무리 인내심이 많고, 아이를 사랑하려 애써도 부모 역시 아이에게 화를 쏟아내게 되고 미운 마음이 쌓여간다. 바로 이 감정을 해결하고, 아이와 소통하는 것이 공격적인 아이를 효과적으로 양육하는 핵심 키워드이다.

1. 시작은 바로 '부모'를 변화시키는 것

1) 공격적 아동의 부모 마음 들여다보기

(1) 부모 안의 공격성 치유하기

아이들의 일상적인 행동이나 작은 움직임도 부모를 향한 공격행동으로 받아들이고 반응하는 부모들이 있다. 이런 부모들은 자기 안에 꿈틀거리는 공격성을 알아차리지 못하고 늘 아이 행동에 과민반응을 하거나 화가 나 있고 아이로부터 당한다고 생각한다. 1부에서 소개된 부모의 공격성 척도의 한 문항 한 문항을 읽고 체크해보는 작업은 부모 자신의 공격성을 객관적으로 알 수 있는 좋은 기회가 될 것이다. 또한 아동 공격행동의 원인이 부모의 공격성에 있거나 강화요인이 되었다는 사실도 함께 알 수 있을 것이다.

공격성이 많은 부모들은 늘 화가 나 있거나 결혼생활에 불만족스럽고 아이의 작은 요구도 받아들이기 힘들며 아이들의 자연스러운 일상도 성가시다고 느끼는 특성이 있다. 아이의 공격행동을 변화시키기 위해 무엇보다 부모 자신의 공격성을 점검하고 해결하는 것이 필요하다. 가슴에 화가 찬 부모가 어떻게 아이들의 화난 감정을 이해하고 수용할 수 있겠는가? 먼저 부모의 화 그릇을 비워야 한다. 자신의 아동기나 원부모와의 관계에서 미해결된 문제로 화가 나 있는 부모라면 성인상담을 전문적으로 하는 상담자의 도움을 받거나, 경제적으로 부담이 된다면 아이 상담을 맡은 상담자에게 단기적인 상담을 받는 것도 좋은 차선책이 될 수 있다.

(2) 부모 스스로를 돌보기

부모의 공격성을 다스리기 위해서는 일상생활에서도 변화가 필요하다. 지친 일상을 훌훌 털 수 있도록, 또 가족과 아이를 위해 새로운 마음으로 시작할 수 있도록 에너지를 충전할 수 있어야 한다. 최소 하루 정도 시간을 비워 자신을 행복하게 하는 시간을 가져보도록 하자. 이런 시간을 통해 양육스트레스를 해소하고 화로 차 있는 그릇을 좋은 기분과 행복감으로 채워보길 바란다. 좋은 부모가 되려면 먼저 행복한 부모가 되어야 함을 명심해야 한다.

(3) 부모 스스로를 위로하기

공격적인 아이들을 둔 부모가 가장 많이 해야 하는 말이 "죄송해요"라고 한다. 아이가 어릴 때는 크고 작은 사고를 쳐서 주변 사람들의 눈치를 보거나 사과를 한다. 이제 '학교 들어가면 괜찮아지겠지' 했건만 입학 후에는 담임 선생님은 물론 다른 학부모들에게 찾아가 머리를 숙이게 만든다. 남들에게 머리 숙이고 잘못을 비는 것을 좋아하는 사람은 아무도 없다. 공격적인 아이를 키우는 엄마들은 그만큼 상처를 많이 받는다.

더 깊고 무서운 것은 바로 아이가 주는 상처다. 아이가 부모에게 보내는 반항적인 눈빛, 버릇없는 말투, 냉정한 태도, 폭력적인 행동 등은 그 어떤 상처보다 크다. 이런 상처 때문에 양육 효능감도 많이 떨어지게 되고, 자존감도 무너지는 경우가 많다. 아이의 공격성을 효과적으로 다루려면 먼저 엄마 아빠가 그동안 받은 상처를 스스로 위로하고 자신을 강하게 할 필요가 있다. 그동안 아이와 갈등을 겪으며 힘들었던 자신에게 작은 선물이라도 하며 위로하는 것도 좋다. 어떤 점이 문제였는지 스스로를 돌아보는 것은 꼭 필요하지만 지나치게 자책하지 않는 것도 중요하다.

2) 공격적 아동의 부모자녀관계 들여다보기

(1) 나는 언제 화가 나는가?

부모의 감정에 불을 지피는 시점을 파악한다. 아이와의 관계에서 악순환에 빠져드는 이유, 화를 조절하기 힘든 이유를 찾기 위해서는 매번 감정이 확 일어나는 발화점을 알아야 한다. 물론 참고 참다가 더 이상은 견딜 수 없어 터져나오기도 한다. 하지만 욕하는 건 참아도 비꼬는 듯한 말은 참을 수가 없다거나 규칙을 어기는 모습에 발끈한다거나, 같은 행동이라도 다른 사람 앞에서 할 때 견딜 수가 없다는 등의 특징이 있다.

많은 경우 부모가 느끼는 이런 감정의 발화점은 부모 자신의 미해결 과제나 상처와 관련이 있다. 또한 아이가 문제 행동을 보일 때 문득 '누군가와 닮았다'고 겹쳐 보이는 사람은 없는지도 생각해볼 문제다. 예를 들어 원가족에서 자신이 싫어했던 형제 자매의 모습이나 현재 자신을 괴롭히는 시부모의 모습과 겹쳐져 보이는 면이 있다면 그 순간 자제력을 잃고 화를 폭발할 수 있다.

(2) 아이의 시험에 빠지지 않도록 한다

엄마는 화를 참느라 애썼는데 기대했던 것과는 다른 결과가 나오기도 한다. 그러면 '나만 노력하면 뭐 하나? 애는 만만하게 보고 더 하는데'라는 생각에 더욱 강하게 대응하기도 한다. 대체 아이는 왜 변함없이 문제를 일으키거나 여전히 엄마에게 버릇없이 굴까? 아이는 엄마의 변화를 쉽게 믿지 않기 때문이다. 또 한편으로는 '공부시키려고 저러지'라고 의심하기도 한다. 오랫동안 부모자녀관계가 나빴던 경우라면 신뢰를 회복하는 데 그만큼 시간이 더 필요하다. 얼마 동안의 노력으로 아이가 당장 달라지기를 기대해서는 안 된다.

무엇보다 엄마가 정말 달라졌는지 시험해보기 위해서 아이는 엄마를 자꾸 함정에 빠뜨리기도 한다. 괜히 시비를 거는 것처럼 느껴질 정도로 일상적인 일에 버럭 화를 내거나 독한 말을 하기도 한다. 그러다가 엄마가 걸려들면 '그래, 그럼 그렇지'라면서 자신이 화내고 나쁜 행동을 하는 것에 정당성을 부여한다. 그리고는 자신을 야단치는 엄마를 다시 비난하면서 '엄마 탓'을 하게 된다. 공격성이 높은 아이들의 대표적인 특성 중 하나는 바로 '남 탓'을 하는 것이다. 모든 것을 '남 탓'이라고 하면서 더 공격하고 자기가 한 행동이 정당하다고 주장한다. 이 덫에 걸려들지 않기 위해서는 아이가 거는 사소한 시비에 걸려들지 않아야 한다. 특히 한참 엄마가 노력하고 있을 때 아이가 이런 행동을 보인다면 더욱 조심해야 한다. 그동안의 노력이 수포로 돌아갈 수 있기 때문이다.

(3) 악순환의 고리 끊기

아이가 문제를 일으키는 일들이 반복되면 속상한 마음에 화까지 더해져 아이에게 폭언과 체벌을 퍼부으면서 한차례 폭풍이 휘몰아친다. 그리고 그 폭풍이 지나간 자리에 남는 것은 바로 '내가 조금만 더 참을 걸' 하는 후회와 '대체 내가 뭘 잘못했길래 아이가 저럴까' 하는 우울감이다. 결국 아무런 해결책을 찾지 못한 채 매번 똑같이 돌아가는 악순환의 고리에 다시 한 번 빠져드는 것이다.

과연 어디서부터 변화의 해법을 찾아야 할까? 어렵지만 가장 시작하기 쉬운 것이 바로 '나의 변화'이다. 걸핏하면 화내고 큰 소리 지르고, 문제를 일으키는 아이의 행동에만 집중하다 보면 '저 애를 대체 어떻게 바꾸지?'라는 생각에만 빠져들게 된다. 하지만 아이를 먼저 바꾸려다 보면 '내 맘대로 안 되는' 아이의 행동 때문에 더 화만 나게 된다.

'아이가 문제를 일으킨다 → 아이를 혹독하게 야단치고 화를 폭발한다 → 엄마는 후회하고, 아이는 공격성이 더 심해진다 → 다시 문제가 생긴다'라는 악순환에서 아이가 문제를 일으키는 과정 자체를 당장 없앨 수 없다면 엄마 아빠가 화를 폭발하는 과정을 끊어야 한다. 물론 어렵다. 하지만 어느 한 과정에서 연결고리가 끊어지지 않으면 아무것도 변하지 않는다. 아이의 잘못에 대해 무조건 넘어가거나 야단을 치지 말라는 것이 아니다. 다만 그동안의 쌓인 감정까지 담아서 때리거나 아이 앞에서 신세 한탄을 하거나, 마치 다시는 안 볼 사람처럼 폭언을 하는 것만은 반드시 삼가야 한다.

아이의 문제 행동을 바꿔나가기 위해서 가장 큰 자원은 바로 좋은 부모자녀관계이다. 엄마 아빠가 하는 말이 먹히려면 엄마 아빠에게 사랑받고 싶은 마음, '내가 뭔가를 잘 해서 인정받고 칭찬받고 싶은 마음'이 있어야 하기 때문이다. 어렵지만 엄마 아빠가 먼저 변화의 모델을 보여주어야 할 이유다.

3) 공격적 아동의 행동 들여다보기

(1) 진짜 문제 행동을 추려낸다

공격성이 심한 아이는 밖에서 일으키는 문제뿐 아니라 일상생활에서도 끊임없이 부모나 형제와 부딪히고 갈등을 일으킨다. 차츰 아이가 마치 커다란 문제 덩어리로 보이게 된다. 문제는 이렇게 되면 무엇이 진짜 문제이고 어떤 때 아이가 더 공격성이 두드러지는지, 부모는 아이의 어떤 점을 견디기 어려운지 판단이 흐려진다는 것이다. 이런 문제에서 벗어나기 위해서는 정말 나쁜 행동과 엄마가 과민반응하고 있는 행동을 구분해야 한다. 방법은 다음과 같다. 먼저 부모가 집에서 견디기 힘든 아이의 행동을 떠오르는 대로 모두 적어본다. 그런 다음 정말 참을 수 없는 상황과 과하게 화내고 있는 상황을 O, X로 구분한다. 이렇게 구분해보면 아이의 핵심 문제는 좀 더 정확하게 보이고, 엄마가 평소 아이에게 쌓인 감정 때문에 더 밉게 보면서 화를 실었던 행동이 구분된다.

(2) 가장 다루기 힘든 문제 행동을 3가지만 뽑는다

아이의 문제행동을 추려낸 뒤에는 엄마가 정말 다루기 힘들고 반복되는 문제를 3가지 정도만 뽑는다. 모든 것을 한꺼번에 바꿀 수도 없고, 구체적으로 접근하지 않으면 해결도 되지 않기 때문이다. 3가지 문제를 뽑았다면 이제 아이에게 그런 행동이 어떤 상황에서 얼마나 자주 일어나는지 관찰하는 기간을 갖는다. 예를 들어 갑자기 화를 폭발하는 것이 문제라면 언제, 얼마나 자주, 특히 누구에게 그런 반응을 보이는지 등을 정확하게 기록해본다. 아이의 문제 행동을 정확하게 파악하기 위해서는 다음과 같은 점들에 주목해본다.

· 아이가 어떤 상황에서 문제 행동이 나타나는가?
· 문제 행동이 나타날 때 아이가 보이는 반응, 예를 들어 소리를 지른다거나 물건을 던진다거나 욕을 하는 등의 반응은 무엇인가?
· 아이의 행동에 대해 부모인 나는 어떻게 반응하는가?
· 문제 행동이 나온 뒤에는 어떻게 상황이 끝나나?
· 얼마나 자주 나타나나?
· 비슷한 문제행동이라도 강도가 약할 때와 더 심할 때의 차이는 무엇인가?

(3) 문제를 일으키는 상황에 변화를 준다

상황이나 과정이 변하면 결과도 달라진다. 즉 아이가 언제, 어떤 일에 공격성을 강하게 드러내고 감정을 잘 조절하지 못하는지 알았다면 문제 상황을 바꿔보도록 하자. 예를 들어 엄마가 견디기 힘든 문제 행동이 아이가 소리를 지르며 감정을 폭발하는 것이라고 하자. 그리고 이런 행동은 주로 원하는 것을 즉각 들어주지 않았을 때이다. 그런데 똑같이 원하는 것을 즉각 들어주지 못했는데, 구체적으로 시간을 정해주고 기다리게 했을 때는 소리 지르는 강도나 시간이 적었다. 그렇다면 이 아이의 경우, 정확한 가이드를 주고 약속을 지키면 만족지연 능력을 좀더 발휘할 수 있다는 의미이다. 그러므로 소리를 지르는 문제 행동을 줄이기 위해서는 시간 약속을 구체적으로 말 해주면서 엄마의 대처에 변화를 준다. 이렇게 문제가 나타나고 진행되는 과정에서 차이를 발견하고, 그것을 변화시키는 것이 바로 문제를 해결해가는 데 실질적인 도움이 된다.

2. 공격성 문제의 유형별 대처법

1) 말대꾸와 욕설이 심할 때

(1) 감정적인 대응은 금물, 침착하게 대처한다

앞에서 본 것처럼 공격성 문제가 꼭 행동 문제로만 나타나는 것은 아니다. 특히 반항적인 아이는 말로 상대를 공격하거나 약 오르게 하고, 말끝마다 엄마 아빠의 심기를 건드린다. 또 힘 있게 공격하지 못하는 아이들, 즉 수동 공격이 심한 아이들은 말로 톡톡 쏘거나 무례한 행동으로 공격성을 표현하기도 한다. 아이가 말대꾸를 심하게 하거나 무례하게 행동할 때 감정적으로 발끈하기 쉽다. 특히 권위적인 부모일수록 아이의 말투나 태도에 신경을 많이 쓰기 때문에 더욱 감정이 상할 수 있다. 하지만 감정적으로 대응하면 처음에는 별생각 없이 말했던 아이도 자기 잘못을 생각하기 전에 엄마 아빠가 화낸 것을 서운해하고 다시 공격한다. 아이의 잘못에 초점을 맞추기 위해서라도 감정적으로 소리를 지르고 야단치지 말아야 한다.

(2) 단호하고 일관성 있게 잘못을 이야기한다

감정적으로 대응해서는 안 된다고 해서 무례한 태도나 말을 그냥 넘겨서는 안 된다. 단호한 태도로 말하고 "지금 그런 거친 말은 듣지 않을 거야. 다른 태도로 말하면 얘기하자"라고 사실에 대해서만 이야기해야 한다. 한숨을 쉬거나 예전 일들을 끄집어내어 야단치면 무엇이 잘못인지 초점이 흐려진다. 특히 말투나 욕설, 거친 말 등은 시간이 지나면 무슨 말을 했는지 금세 잊혀지기 마련이다. 그러므로 그런 말투가 나타났을 때 즉시 이야기하되, 듣는 사람의 마음이 어떤지를 전달하며 비난하지 않도록 한다.

(3) 긍정적인 말이나 태도에 크게 반응하고 격려한다

아이의 좋은 행동을 강화하고, 부정적인 면을 감소시키기 위해서는 격려와 무관심을 효과적으로 사용해야 한다. 즉 긍정적인 행동에는 적극적인 격려와 칭찬을, 부정적인 행동을 보일 때는 감정을 크게 표현하지 않는 것이 좋다. 잘못은 지적하되, 그냥 넘어갈 정도라면 적당히 무관심을 보이는 것이 더 효과적이다. 특히 공격적인 아이는 비난에는 익숙해도 칭찬과 격려를 받은 경험은 부족한 경우가 많다. 긍정적인 말투나 태도에 대해 격려하면 그만큼 더 효과를 볼 수 있다. "네가 다른 때와 달리, 그렇게 말해주니 정말 기분이 좋다. 그래서 네 의견을 더 잘 들어주고 싶은 마음이 든다"라는 점을 이야기해준다.

(4) 욕을 대체할 말을 알려주고, 작별 의식을 갖는다

욕설은 그 정도나 원인에 따라 대처가 달라진다. 어린 아이가 별 의미도 모르면서 모방하는 것이라면 너무 크게 야단치기보다는 바르지 않다는 점을 알려주는 정도가 적당하다. 하지만 욕설이 습관화되었거나 무조건 욕설을 퍼붓는 아이라면 좀 더 적극적인 개입이 필요하다. 화가 났을 때 욕을 하는 것은 욕을 통해서 자기감정을 발산하고 화난 감정을 알리기 위해서다. 그러므로 욕 대신 다른 방식으로 자기감정을 표현할 수 있도록 도와야 한다. 욕으로 감정을 표현했을 때보다 정확하게 자기 입장을 전달할 때 훨씬 유리하다는 점, 더 많은 지지를 얻을 수 있다는 것을 알려준다. 또 실제 집에서부터 그런 경험을 쌓게 도와야 한다. 엄마 아빠에게 욕을 섞어 말하지 않고 이야기했을 때 더 잘 이해받고 설득되는 경험이 필요하다. 또 욕을 적는 노트를 만들어 하고 싶던 욕을 적은 뒤 찢어버리는 작별 의식을 갖는다.

Tip 가정에서 할 수 있는 특별한 게임

연령이 어린 아동들에게 사용할 수 있는 방법으로 아이들이 죄책감을 느끼지 않고 억제된 행동이나 감정을 풀 수 있는 기회를 만들어주는 게임이다. 평소에 아이들에게 금지해왔던 말에 대해 특별히 제한된 시간을 주고 종이에 쓰거나, 말로 할 수 있는 기회를 준다. 단 그 장소와 시간 안에서만 마음껏 할 수 있도록 한다.

그러나 그 정해진 장소와 시간을 떠났을 때는 금지어를 말하는 것은 반칙이 된다. 규칙을 세 번 이상 어겼을 때는 그런 달콤한 기회는 가질 수 없게 된다.

예▶ 일요일 오전 10시~10시 10분까지 10분 동안 집안에서 행할 수 있다.

2) 반항이 심하고 매사에 따지기부터 할 때

(1) 반항심을 불러일으키는 원인을 찾는다

제발 하라는 대로 좀 따라줬으면 하는 마음, 어느 부모나 갖고 있는 바람이다. 심한 공격성은 반항적인 모습으로 많이 나타난다. 부모의 의견이나 지시에 말끝마다 "아니요", "왜?", "됐어"라는 말을 달고 산다. 반항적인 행동을 무조건 허용해서는 안 되지만 왜 그런 행동을 보이는지 이해하려는 태도는 중요하다. 반항적 행동을 이해하기 위해서는 반항심을 자극하는 촉발요인을 찾아본다. 즉 엄마의 잔소리가 부쩍 심해졌는지, 아이가 독립하고 싶어 하는 발달적 욕구를 무시하고 엄마 뜻대로만 하려고 했는지, 학업 스트레스가 심한지 등을 체크해본다.

분명한 촉발 요인이 있다면 아이의 반항도 특정 부분에서 나타날 가능성이 높다. 하지만 매사에 부모에게 반항하고, 정당한 요구에도 반발한다면 앞 장에서 살펴본 공격적인 행동의 원인 부분과 관련이 깊을 수 있다. 즉 좀 더 뿌리가 깊을 수 있다는 의미이다. 특정 부분에서의 반항이라면 서로의 요구 수준을 조절하면 효과를 볼 수 있다. 하지만 매사 반항적인 태도를 보인다면 상담 치료와 적극적 개입이 필요하다.

(2) "싫다"라는 말이 덜 나오도록 통제를 줄인다

반항적인 아이는 거부와 반대를 통해 부모에게 힘을 발휘하고 싶어 한다. 그렇지 않아도 힘겨루기에 민감한 아이에게 부모의 심한 통제는 불난 데 기름을 붓는 격이다. 부모 입장에서 반드시 필요하다고 느끼는 것과 그렇지

않는 것을 구분한 뒤, 중요도에 따라 포기할 것은 과감히 아이에게 맡기도록
한다. 어차피 얘기해봤자, 싫다고 거부할 게 뻔한 일에 괜스레 엄마의 감정을
낭비할 필요가 없다. 또한 반항적인 아이의 경우 부모가 지나치게 통제적인
경우가 많으므로, 부모 스스로 아이의 모든 것을 손안에 쥐고 있으려 한 것은
아닌지 돌아볼 필요가 있다. 일단 아이와 싸우는 횟수가 줄어야 서로 감정이
상할 일이 적고 관계 회복을 모색할 수 있다.

(3) 논쟁의 함정에 빠지지 않는다

공격성을 힘 있게 표출하는 아이가 있는가 하면 다소 소극적이거나 나름의
논리적 방식으로 표현하려는 아이도 있다. 후자의 경우 많이 나타나는 모습이
바로 따지기 좋아하는 것이다. 공격성을 건강하게 표출하지 못해 사소한
일에도 매우 까다롭게 굴고, 누군가 조금만 자신의 권리를 침해했다고
느끼면 따지면서 논쟁하려 한다. 아이 나름대로는 정당한 이유에서 따진다고
생각하지만 사실 감정 문제가 크기 때문에 아이와 논쟁을 해봤자 서로
억울하다는 얘기만 늘어놓게 된다. 그러므로 논쟁의 함정에 빠지지 않으려면
잘못을 따지지 않도록 주의해야 한다. 이때는 억울한 아이의 마음을 공감한
뒤에 엄마의 요구를 말하고, 몇 가지 선택안을 준다. 무조건 따지고 들면서
논쟁하려 하면, 아이의 행동이 가져올 결과에 대해 간단명료하게 알려주고,
아이가 할 수 있는 몇 가지 방법들을 알려준 뒤 타협한다.

(4) 김 빼기와 유머를 적절히 사용한다

따지기 좋아하는 아이와 말싸움에 휘말려들면 아이보다 엄마가 더 흥분하며

목소리가 커지기 쉽다. 그럼 아이는 자신이 예상하던 것과 딱 맞아떨어지는 엄마의 모습에 '그럼 그렇지'라고 생각하며 말싸움을 반복한다. 논쟁을 잠재우려면 먼저 목소리를 높이지 않는 게 중요하다.

물론 쉽지 않지만 최대한 목소리를 낮춰서 아이를 자극하지 않도록 하고, 싸우는 분위기를 맥 빠지게 만들어야 한다. 또한 적절히 유머를 사용하면서 심각한 분위기를 전환시키는 것도 좋다. 물론 아무리 농담이라도 아이를 놀리거나 빈정거려서는 안 된다.

(5) 부모의 말투나 태도를 돌아본다

아이가 매사 반항적이고 따지기 좋아한다면 혹시 부모의 모습은 어떤지 돌아볼 필요가 있다. 아이의 말이나 의견을 무시하거나 빈정대는 태도로 대한 경우, 또 아이의 주장 하나하나에 옳고 그름을 가리려 하면 아이도 이런 모습을 닮을 수 있다. 만일 이런 면이 있었다면 부모가 먼저 아이에게 달라진 모델로서의 모습을 보여줘야 한다. 아이에게도 나름 정중하게 부모의 의견을 전달하고, 몇 가지 대안들을 준 뒤 그중에서 원하는 것을 선택해보게 한다. 강압적인 태도에서 벗어나 선택권을 주면서 '뭐든 엄마 마음대로야'라는 아이의 인식을 바꿔줄 필요가 있기 때문이다.

예를 들어 숙제를 하지 않겠다고 버틸 때 숙제하기 싫은 마음에 대해서는 공감하되, 숙제를 하지 않으면 어떤 결과가 생길지 간단명료하게 이야기해준다. 또 지금 당장 하고 놀이하는 방법과, 휴식 시간을 갖는 방법, 나눠서 하는 방법 등 몇 가지 선택안을 준다.

(6) 아이에게 역할과 책임을 준다

반항적인 아이는 특히 권위자, 예를 들면 선생님이나 부모님, 결정권을 가진 사람에게 더 심하게 반발하고 갈등을 일으킨다. 그만큼 자신이 힘과 통제권을 갖고 싶어 하기 때문이다. 반항적인 문제를 완화하고 부모 자녀 사이의 갈등을 줄이려면 어느 정도는 아이에게 힘을 실어줄 필요가 있다. 어떤 결정을 할 때 아이에게 의견을 물으며 부모 혼자 일방적인 결정을 했다는 느낌을 줄여준다. 또 아이가 집에서 임무를 맡는 것도 좋다. 예를 들어 가족 여행을 떠난다면 아이에게 짐을 챙기는 임무를 주거나, 여행지 근처의 명소나 맛집을 찾아보게 하는 등 특정한 역할을 주는 것이다. 이렇게 하면 아이가 자신이 중요한 결정을 하는 사람이라는 것을 알게 함과 동시에 책임감을 줄 수도 있다. 반항적인 아이는 "엄마 때문이야", "엄마가 잘못했어"라고 탓하는 경우가 많기 때문에 아이 스스로 책임을 지는 경험이 중요하다.

(7) 남을 배려할 기회를 갖도록 한다

반항적인 아이는 흔히 '못된 아이'로 비친다. 자신의 욕구를 채우는 것을 가장 우선시하는 경향이 있기 때문이다. 그러므로 다른 사람을 돕거나 배려하는 일을 경험하는 것도 도움이 된다. 구체적으로는 다른 사람을 돕는 봉사활동에 참여해보도록 하는 것도 좋다. 물론 억지로 시킬 수는 없지만, 아이와 상의하여 가장 잘 맞는다고 느끼는 봉사활동을 선택하도록 한다. 봉사활동을 거부할 경우는 친구나 가족 등 다른 사람을 위해 할 수 있는 일을 찾아보도록 하고, 일주일에 3~4회 정도 해보도록 구체적인 리스트를 정해본다.

마치 '마니또' 놀이를 하듯 상대를 기쁘게 할 일을 해주는 것이다. 이런 기회를 통해 다른 사람의 욕구에 대해서도 눈 돌리게 되고, 공감 능력과 감정 인식이 더 민감해질 수 있다.

3) 규칙을 어기고 제 뜻대로만 고집부릴 때

(1) 부모의 일방적 요구와 규칙을 구분한다

아이가 걸핏하면 정해진 룰이나 약속을 어기고 제 뜻대로만 하려한다고 할 때 먼저 점검해야 할 것이 있다. 바로 말을 안 듣는 부분이 정말 규칙을 어기는 것인지, 아니면 엄마의 요구나 부탁을 듣지 않는 것인지를 구분하는 것이다. 규칙은 아이가 지켜야 할 책임이 있지만, 엄마의 부탁을 들어줄지 결정하는 것은 결국 아이의 의지이기 때문이다. 만일 아이가 잘 지키지 않는 것이 엄마의 일방적인 요구라면 엄마가 먼저 꼭 지켜야 할 규칙과 아이의 자유의지 사이의 경계를 무너뜨리는 것이다. 그러므로 아이가 무조건 말을 안 듣는다고 하기 전에 먼저 부모의 요구와 규칙을 구분하며, 아이도 스스로를 말 안 듣는 아이라고 이름 붙이지 않게 한다.

(2) 아이가 자주 어기는 규칙을 점검한다

공격적이고 반항적인 아이는 약속이나 규칙을 잘 어기는 편이지만, 그 중에서도 아이마다 특히 더 지키기 싫어하는 것들이 있다. 잠시 시간을 내어 아이가 어떤 규칙을 지키기 어려워하는지 리스트를 만들어본다. 장소에 따라 나눠도 좋고, 하루 일과를 쭉 따라가면서 시간대별로 잘 지키지 않는 규칙들을 적어도 좋다. 이렇게 하다 보면 아이가 등교 준비할 때 더 제멋대로인지, 아니면 방과 후 숙제할 때 더 문제를 일으키는지, 형제 관계에서 더 룰을 많이 어기는지 등의 패턴이 나타날 것이다. 그리고 아이가 지키기 힘들어하는 규칙들에 대해 과연 그것이 꼭 지켜야 할 것인지, 아니면 너무 엄격하게 룰들을 많이 만들어둔 것인지 살펴본다. 규칙을 선별할 때는 그 규칙이 왜 필요한지, 지키지 않으면 어떤 결과가 나타나는지에 초점을 맞춰 따져본다. 또한 아이가 너무 거부하는 것들은 과감하게 조정하는 노력도 필요하다.

(3) 실천 가능한 규칙을 새로 정한다

지나치게 엄격하거나 아이가 지키기 어려워하는 규칙들을 선별해냈다면 가족들이 모두 함께 새로운 규칙을 만들어보는 것이 좋다. 아이가 어려서 자신이 지켜야 할 규칙에 대한 개념이 없다면 아이의 발달 수준이나 실행능력에 맞춰 부모가 규칙 수준을 다시 정한다. 예를 들어 저녁 8시까지는 모든 숙제를 마치고 9시 전에는 반드시 자야 한다는 규칙을 아이가 힘들어 한다고 하자. 실제 아이가 숙제를 마치는 평균 시간은 어느 정도고, 왜 일찍 잠들기 어려워하는지 파악한 후 아이가 스스로 시간을 짜보도록 한다. 정말 중요한 규칙을 몇 가지만 골라서 그것을 지키는 것이 왜 중요한지 모두 모인 자리에서 함께 이야기해 본다. 그리고 그에 따를 것을 분명히 약속하는 시간을 갖는다.

(4) 행동 결과에 대해서 보상과 벌을 분명히 한다

함께 정한 규칙에 대해서는 그 결과에 대해 책임을 지도록 한다. 규칙을 잘

이행하면 그 즉시 아이를 격려하고 칭찬하며, 미리 보상을 약속해둔 것이 있다면 꼭 지키도록 한다. 반대로 아이가 규칙을 어겼다면 그 결과를 반드시 지키도록 한다. 규칙을 지키지 않으면 어떤 결과가 생길지는 규칙을 정할 때 미리 분명하게 알려주는 것이 좋다. 이후 아이가 규칙을 어기면 그 결과에 대해 정확히 얘기하고 실행한다. 이때 중요한 것은 화가 났다고 해서 미리 약속하지 않은 결과나 벌을 주거나 엄마도 실천에 옮기기 어려운 벌을 주겠다고 선언해버리는 것이다.

예를 들어 화가 나서 집을 나가라고 했을 때, 아이가 진짜 집을 나가버리면 "엄마가 나가란다고, 진짜 집을 나가는 애가 어딨냐?"라고 다시 아이를 다그치는 엄마들이 있다. 엄마 스스로도 감당 못할 벌을 주겠다고 선언하지 말고, 실행 가능한 벌을 주고 결과에 책임지게 한다.

(5) 벌은 일관성 있게 주고, 실랑이 하지 않는다

벌을 줄 때는 무엇보다 일관성 있게 지키는 것이 중요하다. 그래야 엄마도 감정을 싣지 않고 잘못한 부분에만 집중할 수 있다. 또한 잘잘못에 대해 오래 실랑이하지 않도록 해야 한다. 초점이 흐려지고 부모로서의 권위가 약해질 수 있기 때문이다. 먼저 아이에게 규칙을 지키지 않았다는 점을 정확히 알린 뒤, 아이가 벌을 받지 않으려 하면 규칙을 지켜야 할 이유에 대해서 짧게 이야기한다. 그리고 약속한 벌의 내용에 대해 말한 뒤 실행하도록 한다. 또 벌을 줄 때 너무 큰 소리로 아이에게 면박을 주거나 갈등을 일으키지 말고, 되도록 차분하고 조용히 실행하도록 한다.

Tip 공공장소에서 소리를 지를 때

힘겨루기에 민감한 아이들은 부모가 어떤 상황에서 약해지는지 기가 막히게 짚어낸다. 부모가 가장 약해지기 쉬운 곳이 바로 공공장소. 아이가 유독 공공장소에서 소리를 지를 때는 다음과 같은 훈육 원칙을 기억하자.

· 주변 사람들의 시선을 견디는 뻔뻔함이 필요하다. 물론 힘들다. 하지만 엄마 아빠가 당당해야 아이가 더 소리를 지르며 힘을 과시하려 들지 않는다.
· 공공장소에 가기 전에 지켜야 할 일에 대해 미리 이야기 나눈다. 평소에 공공장소에서 지켜야 할 일을 알려둔 뒤, 그 장소에 들어가기 직전에 간략하게 그 약속에 대해 아이가 직접 말해보게 한다.
· 아이가 약속을 지키면 받을 수 있는 보상, 어기면 받게 될 벌에 대해 미리 알리고, 다시 한 번 확인시킨다.
· 비교적 수월한 장소부터 자주 다니며 연습한다. 아이와 약속을 정했다면 가장 눈치가 덜 보이고 다니기 쉬운 곳을 정해 자주 다니면서 소리 지르지 않는 연습을 한다.
· 아이의 행동에 대해 즉각적으로 칭찬해주고, 문제행동이 나타날 것 같으면 빨리 대처한다. 즉 아이가 지쳐서 짜증을 낼 기색이면 잠시 자리에 앉아 음료수나 간식을 먹게 하고, 안아주는 등 폭발 전에 미리 대처한다.

Tip 보드게임으로 자기조절 능력 키워주기

보드게임은 아이에게 자연스럽게 규칙의 필요를 알게 하고, 지키는 연습을 할 수 있는 좋은 치료적 도구이다. 집에서도 가족들이 함께 놀이하면서 즐거운 시간도 갖고 재미있게 규칙을 지키는 긍정적 효과가 있다. 특히 규칙을 어겼을 때 오히려 게임의 재미가 반감되고, 엉망이 될 수도 있다는 점을 배울 수도 있다. 게임 선택은 아이의 인지적인 능력이나 관심분야를 고려해 선택한다. 집에서 함께 할 수 있는 보드 게임은 다음과 같다.

① 체커 | 비교적 방법이 쉬우면서도 게임 진행이 빠르고 공격적인 면도 있어, 공격성이 높은 아이들이 선호하는 게임이다.
② 오델로 | 공격성이 직접적으로 표현되지 않으면서도 안전하게 공격적인 욕구를 표현할 수 있는 전략 게임이다.
③ 축구 게임 | 축구는 가장 원초적인 공격성을 드러내는 스포츠. 스포츠 게임이라는 안전한 틀 안에서 아이가 마음껏 에너지를 발산할 수 있다.
④ 뱀사다리 게임 | 주사위를 던져 나오는 결과대로 전진하며, 곳곳에 함정과 기회가 배치되어 있다. 그만큼 스릴 있고 게임판의 룰대로 규칙을 지키면서 결과에 승복하는 연습을 해나갈 수 있다.

그 밖에 다트게임과 낚시게임도 공격성 표출에 도움이 된다.

4) 분노 폭발이 잦을 때

(1) 폭발하기 전에 감정을 읽어준다

아무리 저명한 아동상담가도 분노를 폭발하고 있는 아이를 천사로 만들 재주는 없다. 분노가 폭발된 상태는 그야말로 '눈에 보이는 것이 없는 상태'이다. 제 아무리 달콤한 사탕도 효과를 발휘하지 못한다. 분노 폭발을 효과적으로 다루기 위해서는 감정이 폭발할 기미가 보일 때 진정시켜야 한다. 가장 좋은 방법은 화가 나는 아이의 감정을 읽어주는 것이다. "네 얼굴 표정을 보니까 금방이라도 울 것 같다. 네 얘기를 잘 들어주지 않으니 정말 속이 상했구나"라는 식으로 감정의 변화를 읽어주어야 한다.

분노 폭발을 하는 아이들은 그만큼 감정의 상처가 깊고, 정서 조절이 어렵다. 아이가 느끼는 진짜 감정은 좌절감인데, 이를 공격적으로 표현하다 보면 아이 자신조차 진짜 자기감정을 모르게 된다. 그러므로 진짜 감정을 읽어주면서 아이가 갑자기 폭발하는 것을 예방해주어야 한다.

(2) 폭발했을 때 원하는 것을 들어줘서는 안 된다

감정 폭발을 반복하게 하는 가장 중요한 요인 중 하나는 바로 '폭발하면 소원을 들어주는 암묵적 공식'이다. 분노를 폭발하면 금지했던 사탕이나 탄산음료를 사주거나, 계속 안 된다고 했던 요구를 들어주는 것이다. 이렇게 되면 아이는 분노 폭발로 오히려 이득을 보기 때문에 감정을 조절할 필요가 없다.

물론 분노를 폭발했을 때 소원을 들어주지 않는 것은 부모가 정말 지키기 어려운 일이다. 하지만 악순환을 끊으려면 반드시 해야 할 일이기도 하다.

(3) 부모도 진정할 필요가 있다

아이가 정신없이 화를 폭발하면 엄마 아빠가 먼저 당황하거나 겁을 먹기도 하고, 함께 화를 내면서 자제력을 잃기도 한다. 이렇게 되면 상황은 걷잡을 수 없이 악화된다. 아이가 화를 폭발할 때 평정심을 유지하기는 무척 어렵다. 하지만 최소한 함께 화를 폭발하거나 아이보다 더 흥분하여 물건을 던지거나 소리를 지르는 일은 자제해야 한다. 그래야만 아이를 권위있게 훈육할 수 있다.

분노를 폭발하는 중이더라도 '엄마 아빠는 나와는 다르다. 어른이다'라는 사실을 알면 최소한 부모를 마치 자신과 동등한 위치의 분풀이 대상으로 삼지는 않을 것이다.

(4) 아이가 진정할 수 있도록 분리시킨다

분노가 폭발한 상황에서 계속 친절하게 아이를 달래는 엄마들도 있는데, 그 인내심에는 충분히 박수를 보낼 만하지만 실제 효과를 보기는 어렵다. 엄마의 말이 귀에 들리지 않을 뿐더러 폭발 행동에 관심을 갖고 있는 것으로 느껴 시간만 더 길어진다. 때로는 아이를 강하게 붙잡고 행동을 제압할 필요도 있지만 일단 아이와 잠시 떨어져 엄마의 마음도 가라앉히고, 아이가 진정할 시간을 주는 것이 좋다.

아이가 있는 방에서 잠시 나와서 다른 방에 옮겨가 있거나, 같은 공간에 있더라도 거리를 두고 떨어져 앉아 잠시 아이를 지켜본다. 또 일정한 장소를 정해 분노를 폭발하는 동안 그 장소에 아이를 있게 하고 분리시킨다. 분노 폭발이 극에 달했을 때는 정해진 자리로 가려 하지 않고, 다른 방으로 가려하지도 않기 때문에 폭발이 시작될 즈음에 아이를 정해진 자리로 가게 하여 분리한다.

(5) 분노를 진정하고 조절할 기술을 익힌다

분노 폭발을 하는 아이들은 자신을 스스로 제어할 수 없다는 좌절감을 느끼기도 한다. 중요한 것은 아이 스스로 자기감정을 조절할 수 있다는 믿음을 갖게 하고, 실제 경험하게 하는 것이다. 분노 감정이 일어날 때 아이가 어떻게 하면 폭발을 막을지 평소에 자신에게 잘 맞는 방법을 연습해보는 것이 좋다.

온몸의 근육을 차례로 긴장시켰다가 이완하는 연습, 깊은 호흡, 편안하게 만드는 이미지 떠올리기 등을 활용할 수 있도록 한다. 화가 폭발하려고 할 때 속으로 숫자를 세면서 폭발할 것 같은 순간에 잠시 여유를 갖거나, 온몸에 힘을 잔뜩 주었다가 빼는 등 쉽게 적용해볼 수 있는 방법을 찾는다. 이런 기술은 단기간에 익혀지는 것이 아니기 때문에 꾸준히 연습하는 것이 중요하다.

(6) 분노를 조절했을 때 긍정적 결과를 준다

아이가 분노 폭발을 참으면 그 즉시 칭찬한다. 또 평소보다 화를 적게 냈을 때도 그 부분에 대해 인정하며 격려해준다. 아이가 화내지 않고 요구한 것에 대해 긍정적인 보상을 해주고, 원하던 것을 들어준다. 아이의 노력이 긍정적인 결과로 이어져야 감정을 조절하는 행동이 강화된다. 아이에게 칭찬할 때는 '네가 화가 나는 상황에서도 화를 폭발하지 않고 노력했다'는 점을 알아차려주고, 이야기해 주어야 한다. "네가 화내거나 소리 지르지 않으니, 서로 더 말이 잘 통해서 좋다"라는 등 아이가 분노를 폭발하지 않으니, 상대방이 느끼는 감정과 좋은 점에 대해서도 전해준다.

(7) 보상 체계를 일관성 있게 지킨다

아이의 분노 조절에 즉각적인 효과를 볼 수 있는 것이 보상체계이다. 아이의 바람직한 행동에 대해서는 상을 주는 것이다. 대표적으로는 엄마들이 많이 사용하는 스티커 제도를 들 수 있다. 스티커 외에도 점수표를 이용해 목표한 점수를 달성하면 약속한 선물을 받는 방법도 있다.

스티커나 점수를 줄 때 중요한 것은 일관성 있게 하는 것이다. 똑같은 행동에도 어떤 날은 스티커 2개를 줬는데, 다음날은 1개를 주는 등 원칙 없는 행동으로는 효과를 보기 어렵다. 처음에 계약과정부터 문서로 작성하여 분명하게 하고 서로 사인을 하면서 꼭 지켜야 하는 점을 인식시킨다. 이후에는 눈에 잘 띄는 곳에 종이를 붙여두고 스티커나 점수를 주도록 한다.

예를 들어 분노를 폭발하지 않는 날은 2점, 평소보다 폭발이 적었던 날은 1점을 주면서 목표한 점수에 달하면 보상을 준다. 처음에 목표 점수를 너무 높게 잡으면 동기가 떨어지므로, 2주 정도 안에 보상을 받을 수 있을 정도로 현실적인 목표를 잡는다.

5) 폭력적이고 싸움이 잦을 때

(1) 괴롭히고 협박하는 이유를 찾는다

친구들과 자주 싸우는 아이들은 폭력적이라는 낙인이 찍히기 쉽다. 하지만 행동 이면에는 자주 싸우고 괴롭히게 되는 심리적인 이유가 있다. 기질적으로 분노 조절이 어려운 경우도 있지만, 어떤 아이는 당황하고 창피할 때 갑자기 폭력을 쓰기도 하고, 열등감이 건드려졌을 때 주먹이 나가기도 한다. 아이가 어떤 때 아이들과 자주 싸우는지, 특히 누구와 더 많이 싸우는지 구체적으로 체크해보고, 그에 적절하게 대응해야 한다. 아이가 걸핏하면 싸우고, 친구를 괴롭히는 대표적인 요인들은 다음과 같다.

- 자신이 부당한 대우를 받고, 무시당한다고 느낄 때 폭력적으로 행동한다.
- 주변 자극에 민감하여 쉽게 발끈하고 침해당했다고 느낀다.
- 다른 사람들에게 자신의 힘을 행사하기 좋아하고, 늘 주도권을 쥐고 있으려 한다.
- 놀림을 받거나 따돌림을 당해서 그로 인한 피해의식 때문에 폭력을 행사하게 된다.
- 친구들 사이의 갈등을 해결하는 능력이 부족하다.
- 친구들에게 힘이 센 모습을 보여주면 인기를 얻을 것이라 생각한다.
- 다른 사람을 협박하거나 괴롭힐 때 상대가 느낄 감정에 대해 공감능력이 부족하다.
- 가족들이 갈등을 해결하는 방식이 폭력적이고, 다른 사람의 권리를 무시한다.

(2) 바르게 싸우는 방법을 알려 준다

싸움이나 갈등이 모두 나쁜 것은 아니다. 때로 갈등을 겪어야만 더 좋은 해답과 타협점을 찾게 될 때도 있다. 그러므로 아이에게 무조건 싸우지 말라고 하기보다는 바르게 싸우는 방법을 알려주는 것이 더 좋다. 어떤 행동을 바꾸기 위해서는 무조건 금지하기보다 대안을 주는 것이 효과적이기 때문이다. 무엇보다 서로 반대 의견을 말하는 것은 상대를 거부하거나 싫어하는 것이 아니라 자연스러운 일이라는 것을 알려준다. 자주 싸우는 아이들은 자기 의견에 반대하는 친구는 무조건 자신을 싫어한다고 오해하는 일이 많기 때문이다. 반대 의견이 있을 때 서로 말로 다른 의견을 내고, 타협하는 것은 건강한 싸움임을 알려준다. 특히 이때 유용한 것이 엄마 아빠가 집에서 좋은 모델을 보여주는 것이다. 엄마 아빠가 서로 다른 의견을 낼 때 사소한 것이라도 서로 의견을 주고받고, 양보하는 모습을 보여준다. 또 아이가 말하는 방법을 구체적으로 배울 수 있도록 "나는 000이라 생각한다. 너는 어떤데?", "내가 이걸 양보하면 넌 뭘 할 건데?", "내 생각대로 하면 000한 점이 좋은데, 넌 어떻게 생각해?" 등 타협할 때 많이 쓰는 말들을 구체적으로 알려주고 직접 시범을 보인다.

(3) 어떤 상황에서 무엇 때문에 싸웠는지 묻는다

아이가 싸우고 돌아오면 "너 대체 왜 또 싸웠어?"라고 이유를 따지게 된다. 하지만 자주 싸우는 아이들은 사실 딱히 논리적인 이유를 댈 수가 없다. 엄마는 계속 추궁하고, 아이는 대답할 것이 없어서 입을 다물고 있으면 더욱 반항적으로 보여 대화가 막혀버린다. 이때는 '왜 싸웠는지'보다 '무엇 때문에 싸웠는지'로 질문을 바꿔본다. 같은 말처럼 보여도 아이가 훨씬 구체적으로 상황을 정리해서 답할 수 있다. 싸움의 발단이 무엇이었는지, 그리고 그때 '나는 무슨 말을 했고, 어떤 행동을 했지?'라고 생각해야 훨씬 상황을 정확하게 표현하고 스스로도 잘못을 돌아보기 쉽다.

(4) 놀이치료에서의 치료적 제한 설정(ACT)을 활용한다

친구나 동생과 자주 싸우는 아이는 그 행동을 제한하기가 쉽지 않고, 일상생활에서도 제멋대로 하려는 태도가 자주 나타난다. 이때 활용해볼 수 있는 것이 바로 놀이치료에서 사용하는 치료적 제한 설정 방법이다. 아동중심놀이치료에서는 ACT 모델(Landreth)을 이용해 먼저 아동의 요구나 감정을 수용해 감정을 반영해주고("동생이 네 것을 가져가서 속이 상했구나. 그래서 동생에게 소리를 지르고 싶을 정도로 화가 났단 말이지?"), 다음으로 비권위적인 방식으로 제한할 내용과 이유를 전달한다("하지만 그렇게 소리를 지르는 건 정말 듣기 힘들다"). 3단계에서는 아이가 수용할 수 있는 대안을 준다("이럴 때는 동생에게 네 것을 달라고 당당하게 얘기해야 동생도 네 말을 더 잘 들어줄 거야"). 그리고 이 방법으로도 아이가 대안을 선택하지 않고 기존 행동을 고집하면 최후통첩을 한다("네가 계속 이렇게 소리를 지르면 그때는 엄마도 화를 내고, 이 놀이를 더 할 수 없어").

(5) 사과할 수 있는 통로를 열어주자

문제를 일으킨 아이가 스스로 책임을 지고 해결하는 것은 중요하다. 하지만 아직 사회적인 기술이 부족하고 감정이 격해 있는 상황에서는 아이 혼자서 상대에게 사과를 하거나 타협할 여지가 없다. 이때는 부모가 중재 역할을 하면서 친구에게 사과를 할 수 있는 방법들을 알려준다. 전화를 통해 전달하게 하거나 작은 카드에 편지를 써서 보내기, 또 친구와 만날 기회를 주는 등 사과의 기회를 만들어준다.

(6) 법적 책임에 대해 알려준다

어릴 때는 그저 단순히 친구들끼리 싸우면서 크는 과정으로만 알았다가 나중에 학교 폭력 문제와 관련되는 등 문제가 심각해질 수도 있다. 너무 성급하게 아이를 협박하는 것은 나쁘지만 다른 사람을 때리는 행동이 어떤 책임을 지게 되는지, 또 얼마나 잘못인지 등을 현실적으로 알려준다. 특히 청소년의 경우라면 아이 자신을 보호하기 위해서라도 법적 책임이 어디까지인지 알려줄 필요가 있다. 있는 사실을 정확하게 전달하면서 이해시키면 아이도 행동을 좀 더 조심하고, 자기가 일으킨 문제에 대해서도 책임감을 느낄 수 있다.

(7) 아이에게 원칙 없는 체벌을 하지 않는다

폭력적인 아이, 다른 아이를 때리고 위협하는 아이에게 '너도 그 마음이 어떤지 한번 알아봐라'라는 심정으로 심하게 체벌하는 경우가 있다. 하지만 폭력은 또 다른 폭력을 낳는 원인이 된다. 체벌한 엄마 아빠에 대한 복수심을 다른 아이를 때리면서 풀려고 하는 것이 바로 폭력적인 성향의 아이들이 자주 나타내는 패턴이다. 특히 원칙 없이 무자비하게 아이를 때리고 폭언을 퍼붓는 일은 금하도록 노력해야 한다. 되도록 체벌하지 않는 것이 좋지만, 체벌을 하게 되더라도 갑작스럽게 매질을 하거나 따귀를 때리는 등 비인격적인 태도는 절대 삼가야 한다.

3. 학교와의 연계와 협력 방법

공격적인 문제행동의 두드러진 특성은 바로 남에게 직접적으로 피해를 끼치고, 갈등을 일으킨다는 것이다. 우울이나 불안 같은 정서 문제는 아이와 가족들은 힘들지언정 학교에서 다른 아이들에게 직접적인 영향을 미치는 경우가 드물다. 하지만 공격적인 아이는 지속적으로 다른 아이들과 싸우고, 폭력문제의 주동자나 동조자가 되기도 한다. 그래서 중요한 것이 바로 학교와 협력하고 위기를 함께 극복하는 것이다.

1) 학교에서 제안한 중재 프로그램에 참여한다

공격적이고 반항적인 아이를 키우는 엄마들은 담임 교사에게 상담을 받아보라는 권유를 받게 되는 경우가 많다. 사실 그 누구라도 선생님에게 상담 권유를 받고 나서 기분이 좋을 수는 없다. 하지만 그냥 묻어둔다고 해서 해결될 문제가 아니고, 단체 생활에서 다른 아이들에게 피해를 줄 수 있기 때문에 상담 권유를 그냥 흘려버려서는 안 된다. 개별 상담을 받는 것과 동시에 학교에서 운영하는 집단 상담이나 활동이 있다면 되도록 참여시켜야 한다. 아이가 뭔가 노력하고 있다는 점이 눈에 보여야만 학교에서도 아이의 문제 행동을 좀 더 너그럽게 바라볼 수 있기 때문이다.

2) 가정에서의 노력을 알린다

아이가 문제에 자주 휩쓸리다 보면 긍정적인 반응보다는 학교에서 부정적인 이야기를 많이 듣게 되고, 교사도 다루기 힘든 아이가 된다. 이럴 때 가정에서 아무런 노력도 하지 않는 것처럼 비춰지면 더 이상 교사가 아이에게 관심을 기울일 의욕을 잃게 된다. 예를 들어 상담센터에 다니면서 아이의 문제

행동을 해결하기 위해 애쓰고 있다는 점이나 부모가 더 많은 관심을 갖고 노력하고 있는 점에 대해 알려야 한다. 이런 과정에서 교사도 부모의 진심을 알게 되고, 아이에게 가졌던 부정적인 감정을 누그러뜨릴 수 있다.

3) 아이를 다루는 방법에 대해 교사에게 정보를 준다

많은 아이들을 두루 돌봐야 하는 담임 교사가 아이의 특성을 자세하게 파악하기란 쉽지 않다. 아이가 언제, 어떤 장면에서 화가 폭발하는지, 어떤 상처가 건드려졌을 때 버럭하게 되는지 등을 교사에게 알려줄 필요가 있다. 교사에게도 준비할 기회를 주어야 한다는 뜻이다. 언제 어떻게 교사에게 반항적으로 나올지 모르는데, 최소한 교사가 아이의 특성을 알고 있다면 유독 자신에게만 감정적으로 나오는 것은 아니라는 점을 이해할 수 있다. 또 아이가 분노가 폭발했을 때 가장 효과적이었던 방법 등에 대해서도 교사에게 정보를 주면서 상담을 나눈다. 이런 상담 내용은 '우리 아이만 특별하게 봐달라'는 의미가 아니다. 아이의 특성을 알리면서 큰 트러블을 예방하기 위한 점이라는 것을 함께 전달한다.

4) 사고를 일으켰을 때 공개적인 비난은 삼가야 한다

아이가 문제를 일으켜 학교에 불려 가면 부모는 쥐구멍이라도 들어가고 싶은 심정과 함께 아이에 대한 미움, 아이를 비난하는 듯한 교사나 상대 학부모들에 대한 분노 등 수많은 감정들에 뒤엉키게 된다. 이때 자칫하면 이런 감정을 아이에게 폭발하여 비난을 퍼붓거나, 반대로 무조건 아이 편을 들 수 있다. 두 경우 모두 아이에게는 독이 된다. 무조건 아이 편을 들면 한편으로는 부모를 든든하게 여길 수는 있으나, 잘못을 저질러도 괜찮다는 안도감을 더 크게 느낄 수 있다. 반대로 남들 앞에서 아이를 비난하면 '내 부모마저도 나를 버렸다'는 배신감에 문제 행동이 더 심해진다. 그러므로 학교에서 잘잘못을 가릴 때는 사건의 정황에 대해서만 분명히 하고, 감정적인 문제는 아이와 부모 사이에서 해결하도록 한다.

5) 아이가 흥미를 가질 만한 활동에 참여하게 한다

학교에서 유독 문제를 많이 일으킨다면 아이가 학교생활에 재미를 느끼지 못하고 있을 가능성도 많다. 아이가 학교에서 좋아하는 활동이나 동아리 활동에 참여할 기회를 주거나, 아예 학교 밖에서 즐거움을 찾는 방법도 생각해볼 수 있다. 학교에 있는 시간을 줄이고 외부에서 아이가 좋아하는 활동에 참여하게 하면서 갈등 요인을 줄이는 것이다. 무조건 학교 내에서만 문제를 해결하려 들지 말고, 담임 교사와 상의하여 양해를 구하고 학습량이나 활동에서 융통성을 가질 수 있도록 한다.

6) 아이의 친구 관계에 대해 파악한다

아이가 학교에서 어떤 친구들과 어울리는지 파악하는 것이 중요하다. 특히 갑자기 아이의 행동이 변하거나 친구들과 어울리는 시간이 부쩍 늘면서 문제가 심각해졌다면 어울리는 친구들에게 자극을 받았을 수 있다. 폭력적인 성향의 아이들과 어울리는지, 아니면 협박을 당하고 있는 것은 아닌지, 따돌림을 당해서 그 보복 심리로 돌발행동을 한 것은 아닌지 다양한 가능성을 두고 담임 교사와 상담하도록 한다. 이는 친구관계를 갈라놓는 것이 아니다. 문제 상황에서 아이를 보호하기 위해서라도 친구 사이의 힘겨루기나 아이의 위치, 역할 등을 알아두는 것이 좋다.

공격행동 아이를 둔 어머님들께

아이들이 힘들다고 Sign을 보내고 있습니다

친구나 동생을 때리고 물건을 던지고 부수는 아이들의 예기치 못한 행동들은 부모님들을 당황하게 하고 때로는 같이 화를 내게 만들기도 하지요. 내 속으로 낳은 자식이지만 그 속을 알 수 없으니 더 답답한 노릇입니다. 그러나 아이들은 아이들대로 그간의 힘들었던 시간을 이겨내고자 분투하였을 것입니다. 그 작은 몸으로 힘든 환경과 맞서 싸우려 애썼지만 도저히 스스로 해결이 안 되어 공격행동으로 자신의 어려운 상황에 대해 사인을 보내고 있는 것입니다. 아이가 공격행동을 해올 때, 이는 아이가 자신이 처한 상황에서 어려움을 SOS해오는 것입니다. 아이의 공격행동은 적응을 위한 하나의 방편으로 자기보호적인 기능을 발휘하고 있다고도 보아야 합니다.

행동을 멈추려면 속을 들여다보아야 합니다

그러나 많은 부모를 비롯한 가족들과, 교사들은 드러난 문제행동만 보지 그 속에 무슨 마음이 출렁이고 있는지 이해하지 못합니다. 보내주는 사인을 받아 문제를 해결해주리라 믿었던 아이들은 행동의 결과가 벌이나 비난으로 돌아오자 더 강한 메시지를 전해 봅니다. 부모들은 아이들의 이런 행동에 체벌이라는 더 강력한 무기를 동원하기도 하지요. 아이는 더 강력하고 파괴적인 방법으로 부모에게 화난 감정을 표현해옵니다. 이렇게 공격행동의 악순환은 거듭되어 수위를 높여갑니다. 아이들이 공격적인 행동을 보이면 가장 먼저 그 이면을 들여다보도록 애써 보십시오. 그것이 공격행동을 멈추는 가장 빠르고 현명한 무기입니다.

아이로부터 좋은 기회를 얻었다고 생각하세요

아이가 보이는 공격행동을 통해 아동이 버티기 어렵고 갈등이 되는 것이 무엇인지 이해할 수 있는 기회로 삼아야 합니다. 아동의 행동 그 자체로 잘못을 따지고, 행동에 의한 결과에 대해 책임만을 추궁한다면 아이의 마음을 알기 위한 좋은 기회는 떠나갑니다. 부모는 귀한 기회를 놓치고 아이는 부정적 피드백으로 인해 나쁜 자아상을 만들고 좌책감을 쌓아 서로가 또 다른 공격성으로 대치하게 됩니다.

아이가 그렇게 했기 때문에 이만하게 지내는 것입니다

혹자는 공격행동을 발달을 위해 필요한 과정이라고도 합니다. 어느 정도의 수위이고 어떤 유형의 행동이냐에 달려 있지만 공격행동에 대한 다른 관점과 해석을 생각하게 하는 것이지요. 또 '아이들이 가끔은 마음껏 분노를 느끼도록 하라'라는 심리학자의 말처럼 마음껏 화를 내고 표현하는 것이 다른 정신건강을 지켜주는 기능도 한다고 합니다. 아이들이 마음껏 표현해보지 못했다면 조절할 기회조차 얻지 못하겠지요. 그렇게 행동했으니까 이만하게 지내고 있는지도 모릅니다. 아이들이 고통을 표현하지 않고 묻어두었다면 언젠가 다른 곳에서 터져 나오기 마련이니까요.

'좋은 엄마'가 되기 위해서는 엄마들도 공부를 해야 합니다

인간의 마음은 참으로 간사하여 때로는 '아는 것이 병'이 될 수도 있습니다. 부모님들이 잘 크고 있는 아이들 걱정에 잠 못 드는 날도 생기겠지요. 그러나 그와는 반대로 '아는 것이 힘'이 될 수도 있습니다. 그동안 무심코 보아 왔던 아이들 행동을 이제는 보다 전문적이고 안전하게 관찰하여 어머님들이 안정적인 마음으로 효능감을 가지고 아이들 양육을 할 수 있어야 합니다. 공격적인 아이들을 다룰 때는 보다 세련되고 현명한 양육기술을 사용해야 합니다. 그러기 위해서는 어머니들도 공부를 해야겠지요.

그러나 그전에 '행복한 엄마'가 먼저 되어야 합니다

공격행동을 하는 아동을 효과적으로 다루고 양육하기에 앞서 더 중요한 일은 어머니 자신을 care하고 healing하는 일입니다. 어머니의 마음에 평화가 없다면 아무리 좋은 전문 상담가의 교육적 조언도 마음으로 받아 안을 수가 없습니다. 무엇보다 어머니가 먼저 행복하고 자신을 healing할 수 있었을 때 아동행동 개선을 위한 조력도 가능해집니다. 어머니 자신이 좋아하는 것, 하고 싶은 것, 즐거움을 느끼는 활동을 찾아 자신에게 선물하고 자신에게 데이트를 신청하고 자신을 사랑하는 시간이 필요합니다. 그것이 어머니를 행복하게 하는 일입니다. 저희는 어머님께 '좋은 엄마'가 되라고 섣불리 말하지 않겠습니다. 먼저 '행복한 엄마'가 되십시오. '행복한 엄마'만이 좋은 엄마가 될 수 있습니다.

어머님들의 행복을 빌며…

참고문헌

권기숙(1983). 부모의 성격특성과 자녀의 문제행동과의 관계 연구. 숙명여자대학교 대학원 석사학위논문.

권석만 · 서수균(2002). 한국판 공격성 질문지의 타당화 연구. 한국심리학회지 임상, 21(2), 487-501.

김지경(1996). 가족관계와 우울 및 공격성 간의 관련성 연구. 고려대학교 대학원 석사학위논문.

김춘경 · 박정순(2000). 공격적 아동을 위한 사회적 관심 증진 놀이집단상담 프로그램 개발과 적용. 놀이치료연구, 4(1), 83-101.

노안녕(1983). 비행청소년에 있어서 공격성과 불안의 감소에 미치는 주장훈련의 효과. 서울대학교 대학원 석사학위논문.

이정혜 · 이소희(2005). 대상관계이론에 근거한 아동의 공격성 감소 프로그램 개발과 효과. 상담학연구, 6(3), 901-918.

지승언(2010). 교사 체벌과 아동의 불안, 공격성, 학교생활 적응과의 관계. 경남대학교 대학원 석사학위논문.

한미옥(2000). 어머니 및 교사의 관찰에 의한 유아의 공격성 연구. 동아대학교 대학원 석사학위논문.

한상순(1997). 지각된 학급 풍토와 학교생활 적응·학업 성취 학급 폭력 · 출석률 간의 관계. 고려대학교 대학원 석사학위논문.

현지은(2010). 남녀 중학생이 지각한 부모의 심리적 통제, 사회불안, 관계적 공격성 간의 관계. 이화여자대학교 대학원 석사학위논문.

Adler, A.(1956). *The individual psychology of Alfred Adler; A systematic presentation in selections from his writings*. H. L. Ansbacher & R. R. Ansbacher(Eds.). New York: Harper & Row.

Ansbacher, H. L. & Ansbacher, R. R.(Eds.)(1978). *Cooperation between the sexes: Writings on women, love, and marriage*. New York: Norton.

Becker, W. C., Peterson, D. R., Hellmer, L. A., Shoemaker, D. J. & Quay, H. C.(1959). Factors in parental behavior and personality as related to problem behavior in children. *Journal of Consulting Psychology*, 23, 107–118.

Becker, W. C.(1964). Consequences of parental discipline. In M. L. Hoffman & L. W. Hoffman(Eds.). *Review of child development research (1)*. New York: Russell Sage Foundation.

Bushman, B. J. & Huesmann, L. R.(2001). Effects of televised violence on aggression. In D. Singer & J. Singer(Eds.). *Handbook of Children and the Media*. Thousand Oaks, CA.: Sage Publications. 223–254.

Cairns, R B.(1979). *Social development: The origins and plasticity of interchanges*. San Francisco: W. H. Freeman.

Clark, D. M. & Wells, A.(1995). A cognitive model of social phobia. In R. Heimberg, M. Liebowitz, D. A. Hope & F. R. Schneier(Eds.). *Social phobia: Diagnosis, assessment and treatment*. New York: Guilford Press. 69–93.

Coie, J. K. & Dodge, K. A.(1998). Aggression and antisocial behavior. In W. Damon(Editor in Chief) and N. Eisenberg(Eds.). *Handbook of child psychology*, 5(3), Social, emotional, and personality development. N.Y.: John Wiley & Sons.

Cole, E. & Siegel, J. A.(Eds.)(1990). *Effective consultation in school psychology*. Toronto: Hogrefe & Huber, 298.

Crick, N. R. & Grotpeter, J. K.(1995). Relational aggression, gender, and social-psychological adjustment. *Child Development*, 66, 710–722.

Crick, N. R.(1997). Engagement in gender normative versus gender nonnormative forms of aggression: Links to socia–psychological adjustment. *Developmental Psychology*, 33, 610–167.

Crick, N. R. & Nelson, D. A.(2002). Relational and physical victimization within friendships: Nobody told me there'd be friends like these. *Journal of Abnormal Child Psychology*, 30, 599–607.

Cutting, John & Dunne, Francis(1989). Subjective Experience of Schizophrenia. *Schizophrenia Bulletin*, 15(2), 217–231. Oxford University Press and Maryland Psychiatric Research Center(MPRC).

Dabbs, J. M. & Morris, R.(1990). Testosterone, social class, and antisocial behavior in a sample of 4462 men. *Psychol. Sci.*, 1, 209–211.

Dabbs, J. M., Carr, T. S., Frady, R. L. & Riad, J. K.(1995). Testosterone, crime, and misbehavior among 692 male prison inmates. *Pers. Indiv. Differ.*, 18, 627–633.

Dodge, K. A. & Crick, N. R.(1990). Social information–processing bases of aggressive behavior in children. *Pers. Soc. Psychol Bull*, 15, 8–22.

Dodge, K. A. & Newman J. P.(1981). Biased decision–making processes in aggressive boys. *J. Abnorm Psychol*, 90, 375–379.

Eron, L. D.(1980). Prescription for reduction of aggression. *American Psychologist*, 35, 244–252.

Feshbach, S.(1964). The function of aggression and the regulation of aggressive drive. *Psychological Review*, 71, 257–272.

Gross(1972). Maurice Gross. Mathematical Models in Linguistics. Prentice–Hall.

Jarolimek, J. & Foster, C. D.(1989). *Teaching and Learning in the Elementary School*, 4, New York: Macmillan.

Kagan, J. & Lang, C.(1978). *Psychology of education*. Monterey: Harcourt Brace Jovanovich.

Kendall, P. C.(1993). Cognitive–behavioral therapies with youth: Guiding theory, current status, and emerging developments. *Journal of Consulting and Clinical Psychology*, 61, 235–247.

Maccoby, E. & Jackin, C.(1980). Sex differences in aggression; A rejoinder and reprise. *Child Development*, 51(4), 964–980.

Mason, D. A. & Frick, P. J.(1994). The heritability of antisocial behavior: a meta–analysis of twin and adoption studies. *Journal of Psychopathology and Behavioral Assessment*, 16, 301–323.

McGee, C. S., Kauffman, J. M. & Nussen, J. L.(1977). Children as therapeutic change agents: Reinforcement intervention paradigms. Review of *Educational Research*, 47, 451–477.

McKeachie, W. J. & Doyle, C. L.(1996). *Psychology*. Reading, Mass.: Addison Wesley

Publishing Co., Inc.

Morgan, D.(1998). *The Focus Group Guidebook. Book* 1. The Focus Group Kit. Thousand Oaks, Calif.: Sage.

Moyer, S. B.(1979). Rehabilitation of alexia: a case study. *Cortex*, 15, 139–144.

Mussen, P., Conger, J. & Kagan, J.(1979). *Child Development and Personality*. New York: Harper & Row.

O'Connor, T. G., Heron, J., Golding, J., et al.(2002). Maternal antenatal anxiety and children's behavioural/emotional problems at 4 years. Report from the Avon Longitudinal Study of Parents and Children. *British Journal of Psychiatry*, 180, 502–508.

Olweus, D.(1980). Familial and temperamental determinants of aggressive behavior in adolescent boys: A causal analysis. *Developmental Psychology*, 16, 644–660.

Olweus, D., Mattsson, A., Schalling, D. & Low, H.(1980). Testosterone, aggression, physical, and personality dimensions in normal adolescent males. *Psychosom. Med.*, 42, 253–269.

Schwartz, D. & Proctor, L. J.(2000). Community violence exposure and children's social adjustment in the school peer group: The mediating roles of emotion regulation and social cognition. *Journal of Consulting & Clinical Psychology*, 68, 670–683

Shaffer, David(1993). *Developmental Psychology: Childhood and adolescence*(3rd Ed.). California: Brooks/Cole.

Van Goozen, Stephanie H. M., Fairchild, Graeme, Snoek, Heddeke & Harold, Gordon, T.(2007). The evidence for a neurobiological model of childhood antisocial behavior. *Psychological Bulletin*, 133(1), 149–182.

Zulliger, H.(1960). *Gesprache uber Erziehung*. Bern.

최명선

학력

숙명여자대학교 학사, 석사 및 박사 졸업(아동상담 전공)
Gestaltpsychotherapie für Kinder und Jugendlischen(Gestalt Institut Köln in Germany)
Ausbildung in 'Methoden und supervision der Gestaltpsychotherapie'(saarbrücken)

경력

현) 아동청소년상담센터 맑음 소장
　　맑음 부설 아동청소년심리치료연구소 소장
전) 동신대학교 상담심리학과 교수
　　한국놀이치료학회, 상담심리학회 편집부위원장
　　상담심리학회, 놀이치료학회, 인간발달학회 등 다수 학회의 편집위원/학술위원
　　숙명여자대학교, 덕성여자대학교, 강원대학교 강사

저서

『놀이치료: 아동중심적 접근』
『놀이치료의 치료관계와 치료성과』
『아동청소년심리척도 핸드북』
『꿈을 찾으면 내 직업이 보인다』
『사회조사방법론』
『논문의 저술에서 출판까지』
그 외 인관관계론/인성함양/리더십개발 등 다수의 저서와 학술논문 저술

김이경

학력

숙명여자대학교 아동복지학 전공 학사
숙명여자대학교 아동복지학과 아동심리치료 전공 석사

경력

현) 아동청소년상담센터 맑음 놀이치료사
　　디딤소아청소년클리닉 놀이치료사
전) 연세 YOO&KIM 신경정신과 놀이치료사
　　보라매청소년수련관 상담실 놀이치료사
　　이경희아동발달센터 놀이치료사
　　신철희아동청소년상담센터 사이버게시판 상담원 및 인턴
　　소의초등학교(방과후) 놀이치료사

공격적인 아이 이해하기

초판인쇄 2012년 11월 9일
초판발행 2012년 11월 9일

지은이 최명선·김이경
펴낸이 채종준
기 획 이주은
편집디자인 김소영
표지디자인 박능원

펴낸곳 한국학술정보(주)
주 소 경기도 파주시 문발동 파주출판문화정보산업단지 513-5
전 화 031) 908-3181(대표)
팩 스 031) 908-3189
홈페이지 http://ebook.kstudy.com
E-mail 출판사업부 publish@kstudy.com
등 록 제일산-115호(2000.6.19)

ISBN 978-89-268-3650-7 14370 (Paper Book)
978-89-268-3651-4 15370 (e-Book)
978-89-268-3646-0 14370 (Paper Book set)
978-89-268-3647-7 15370 (e-Book set)